KYNOS KLEINE HUNDEBIBLIOTHEK

SCHNAUZER

KYNOS VERLAG MÜRLENBACH

Zwergschnauzer um 1905. Radierung von Richard Strebel

KYNOS KLEINE HUNDEBIBLIOTHEK

SCHNAUZER

Alles Wissenswerte über den Schnauzer
Haltung, Zucht, Erziehung, Ausstellung, Gesundheitsfürsorge

Dr. Hans Räber

INHALTSVERZEICHNIS

	Zum Geleit	9
I	Herkunft	10
II	Charakter und Farben des Schnauzers	22
III	Standard	38
IV	Kauf eines Junghundes (Ausstellung)	52
V	Fütterung und Pflege	62
VI	Erziehung	70
VII	Gesundheit, Zucht, Alter	80
	Wichtige Adressen	92

Foto Deckel vorne:
Dandy v. Appo, Foto: Bär
Foto Deckel hinten:
Vier Wochen alte Mittelschnauzer-Hündin, Foto: E. Feuz
Vor- und Nachsatz:
Rauhhaarige Pinscher: „Flora-Schwabing" und „Kleo-Schwabing"
aus: Richard Strebel, Die Deutschen Hunde, Band I

IMPRESSUM

© 1997 KYNOS VERLAG Dr. Dieter Fleig GmbH.
Am Remelsbach 30, D-54570 Mürlenbach/Eifel
Telefon: 06594/653, Telefax: 06594/452

ISBN-Nr. 3-929545-37-3

Realisation & Druck:
DRUCKEREI ANDERS, D-54595 Prüm, Telefon: 06551/9503-0

ZUM GELEIT

Ein Leben mit Schnauzern

Mein erster Hund, den ich mir für 15 Franken im Alter von 14 Jahren erworben habe, sollte ein kurzhaariger und glänzend schwarzer Pinscher sein. Doch offensichtlich hatte Nachbars "Bläss" bei der Familienplanung ein gewichtiges Wort mitgesprochen. Meine Hündin wurde nicht glatt-, sondern stockhaarig, und das anfänglich schwarze Fell wurde arg mißfarbig, denn das schwarze Deckhaar vermochte die gelbbraune Unterwolle nicht völlig zu verdecken. Meine erste Begegnung mit dem Schnauzer fiel, wenn ich mich recht erinnere, ins Jahr 1933.

Unser Nachbar hatte von einem Wirt - er war ein fleißiger Wirtshausgänger! - einen pfeffersalzfarbigen Mittelschnauzer gekauft. Der Hund fand offenbar bei seinem neuen Besitzer nicht die Zuwendung, die für einen Schnauzer lebenswichtig ist, er schloß sich vielmehr schon am zweiten Tage mir an. Ich war fasziniert vom intelligenten Gesichtsausdruck des Hundes, der mit seinen nach vorne gerichteten Augen, den buschigen Augenbrauen und seinem Bart mich an einen gütigen und weisen Großvater erinnerte.

Weise war der Hund freilich nicht, sondern eher ungestüm und tatendurstig. Die Tücken der menschlichen Zivilisation waren ihm noch fremd, und so endete sein kurzes Leben auf dem nahen Bahngeleis. Für mich stand jedoch fest: Mein zweiter Hund wird nicht mehr ein Bastard, sondern ein reinrassiger Mittelschnauzer sein.

Im Jahre 1939 war es dann soweit. Für 80 Franken - damals war der Franken noch etwas wert - kaufte ich bei einem bekannten Züchter die junge Hündin "Faya v. Dorfsee" und hatte dabei in zweierlei Hinsicht Glück. Der Züchter hatte die Mutterhündin samt ihrem Wurf auf der im Rahmen der Landesausstellung durchgeführten Hundeausstellung ausgestellt. (Das Ausstellen ganzer Würfe war damals noch erlaubt.) Die fünf Brüder meiner Hündin holten sich hier die Staupe und starben. "Finette", wie sie gerufen wurde, erkrankte nicht, und sie wuchs sich zu einem angenehmen, schönen Schnauzer aus; sie würde auch heute noch auf einer Ausstellung in den vordersten Rängen stehen.

Noch völlig unbelastet vom Wissen, das man sich vor Beginn einer Hundezucht erwerben sollte, erwachte in mir nach dem ersten Ausstellungserfolg meiner Hündin der Wunsch, mit ihr zu züchten. Doch es kam anders. Im September marschierten Hitlers Truppen in Polen ein, der Zweite Weltkrieg hatte begonnen. Auch die Schweiz mobilisierte ihre Armee. Fünf Jahre Aktivdienst mit insgesamt über 1.200 Diensttagen begruben viele Pläne, darunter auch den, Hunde zu züchten. Als der Krieg zu Ende ging, war meine Hündin zum Züchten zu alt geworden.

Als Richteranwärter machte ich auf einer der ersten internationalen Hundeausstellungen der Nachkriegszeit in Frankfurt/Main Bekanntschaft mit dem schwarzen Mittelschnauzer. "Schwarz" ist zwar leicht übertrieben: Der Hund hatte einen schwarzen Kopf und über dem Rücken einen breiten schwarzen Aalstrich, Hals- und Körperseiten und vor allem die Keulen waren jedoch grau-braun.

Die maßgebenden Schnauzerleute rund um den Ring betrachteten diesen "schwarzen" Schnauzer als ein "Abfallprodukt" der Schnauzerzucht. Es gab damals nur wenige Züchter, die sich dem schwarzen Schnauzer widmeten. Eine bekannte Züchterin war Irma Roppelt mit ihrem Zwinger "v. Ahorntal", und in Frankfurt plante F.W. Philipp eine Zucht aufzubauen.

Heimgekehrt fragte ich unseren alten Klub-Ehrenpräsidenten W. Tschudi, wie wohl die Erfolgsaussichten bei der Zucht schwarzer Mittelschnauzer einzuschätzen wären. "Du investierst Zeit und Geld für eine aussichtslose Sache", war seine Antwort. Der gleichen Meinung waren auch der damalige Klubpräsident und alte Pinscher-Züchter Jean Pfister (er züchtete pfeffersalzfarbige Glatthaarpinscher). Dieser negative Bescheid bestärkte mich in meinem Vorhaben, dem schwarzen Mittelschnauzer zu dem ihm gebührenden Ansehen zu verhelfen.

Es sollte keine Zucht nach der "Kochbuch-Methode" sein, die da lautet: "Man nehme eine Hündin und decke sie mit dem nächstliegenden Rüden", die Zucht wollte ich nach den in der modernen Tierzucht gültigen genetischen Regeln aufbauen. Eine gute Hündin zu beschaffen, war damals gar nicht so leicht. In Frankfurt hatte F.W. Philipp in seinem Zwinger "Askaris" soeben einen ersten Wurf gezüchtet. Er war aus Thüringen bei Nacht und Nebel mit seiner Hündin "Lonni v.d. Thüringerpforte" in den Westen geflohen. In der Lüneburger Heide hatte er die Hündin verloren. Nach einem Jahr vernahm er durch Zufall von einem schwarzen Hund, der sich in der Heide herumtreibe. Er fuhr hin und erkannte im "schwarzen Hund" seine "Lonni", die aber anscheinend völlig verwildert war und auf Zuruf nicht reagierte. Ihr Gesäuge verriet, daß sie einen Wurf aufzog. Die Welpen wurden denn auch in einem verlassenen Schafunterstand gefunden. Und hier gelang es, die Hündin einzufangen. Und jetzt erwachte in ihr schlagartig die Erinnerung. Sie erkannte ihren Herrn und begrüßte ihn stürmisch.

Nach dem damals bekannten schwarzen Rüden "Emir v.d. Gröben" (auf Ausstellungen erschien er jeweils mit Kniesocken und einem Hütchen mit Gamsbart!) züchtete nun F.W. Philipp einen Wurf, aus dem ich die Hündin "Aga Askaris" erwarb. Das war 1952. "Aga" wurde zur Stammutter des Zwingers "Barbanera", aus dem im Laufe der folgenden 40 Jahre an die 600 schwarze Mittelschnauzer in alle Welt hinausgegangen sind.

Auch wenn Schnauzer langlebige Hunde sind, so überlebt man über 56 Jahre doch etliche. Sie alle haben in meinem Leben ihre Spuren hinterlassen, die einen tiefe, die anderen nur flache, genau so, wie wir Menschen es auch tun. Ihre Lebensgeschichten aufzuschreiben, würde ein dickes Buch füllen.

Ich bin kein Rassenfanatiker, mir gefallen auch andere Hunde, aber als meinen ständigen Begleiter kann ich mir nur einen Schnauzer vorstellen.

Dieses Buch soll keine Lobeshymne auf die Schauzer sein. Auch sie haben nicht nur positive Seiten - wir Menschen ja auch nicht - aber die positiven überwiegen die negativen bei weitem.

Die Schnauzer haben mir in meinem Leben viel gegeben, und so darf das Büchlein als Dank an eine originelle und liebenswürdige Hunderasse verstanden werden.

Wer selbst einen Schnauzer besitzt, wird hier viele seiner Erfahrungen bestätigt sehen. Und wer sich einen Schnauzer anschaffen möchte, wird nach dem Lesen wissen, was er von einem Schnauzer erwarten darf.

Faya, meine erste Schnauzer-Hündin, würde auch heute, nach rund 60 Jahren, auf Ausstellungen in den vordersten Rängen stehen.

Aga Askaris wurde zur Stammutter des Zwingers Barbanera.

Foto: Dr. H. Räber

11

Kapitel Eins

HERKUNFT

Der alte Stallpinscher

Der Beginn der Reinzucht
und Rassentrennung

Zur Geschichte des
Riesenschnauzers

Mittelschnauzer und Zwergschnauzer, beide hochdotierte Siegerhunde.
Foto: Elisabeth Feuz

13

Viele Autoren, die über Schnauzer und Pinscher schrieben, wollten den Beweis antreten, die beiden Rassen ließen sich in direkter Linie auf den Torfhund der Pfahlbauer zurückführen. Und was uralt ist, muß auch gut sein!

Sie stützen sich dabei auf den Berner Zoologen T. Studer (1845-1922), der die Schädel jungsteinzeitlicher Hunde aus den Pfahlbaustationen der schweizerischen Mittellandseen untersucht und dabei direkte Abstammungslinien zu heutigen Rassen gezogen hat. Nach ihm sollte der kleine Torfhund Canis familiaris palustris Rütimeyer die Stammform aller Terrier, Schnauzer, Pinscher und Spitze sein. Was Studer bei seinen Vergleichen nicht oder zu wenig beachtet hat, ist, daß die von ihm als Rassenmerkmale interpretierten Formunterschiede der prähistorischen Schädel lediglich eine Folge der Größenunterschiede sind und keineswegs eine Rasse eindeutig charakterisieren.

Wir können also die direkte Torfhundabstammung unserer Schnauzer ruhig fallen lassen und ganz nüchtern feststellen, daß die Schnauzer und Pinscher Ende des letzten Jahrhunderts aus dem großen Sammelsurium der kleinen bis mittelgroßen Bauernhunde im süddeutschen Raume hervorgegangen sind.

Voraussetzung für die Abtrennung des Schnauzers von ähnlichen Hunden war eine recht eigentümliche Mutation, welche bewirkt, daß anstelle der bei Hunden sonst üblichen kurzen Behaarung im Gesicht und an den Läufen eine lange Behaarung tritt. Obschon sich Schnauzer und Pinscher im übrigen anatomisch völlig gleichen, trennte dieser Rauhhaarfaktor die beiden Typen derart stark, daß von zwei verschiedenen Rassen gesprochen werden konnte. Lange Zeit betrachtete man beide, den glatthaarigen und den rauhhaarigen, als Varietäten ein und derselben Rasse und sprach von rauhhaarigen und von glatthaarigen "Pinschern" und hat auch beide untereinander verpaart. Seit Beginn der Reinzucht hat man jedoch derartige Kreuzungen vermieden.

Kleine, struppige Hunde gab es wohl zu allen Zeiten, ohne daß man sie als Rasse planmäßig gezüchtet hätte.

Alte schriftliche oder bildliche Dokumente können für die Geschichte der Schnauzer kaum herangezogen werden, sie sagen recht wenig aus. Diese Hunde fielen weder durch ein besonders schönes Haarkleid noch durch eine besondere Körperform auf, und so fanden sie kaum Zugang zu den gehobeneren Volksschichten und somit auch kaum die Beachtung der Maler, die sie mit Pinsel oder Zeichenstift festgehalten hätten.

Überliefert wird, daß sich diese Hunde am liebsten in Pferdeställen aufhielten, weil sie die Wärme liebten. "Seine Neigung zum Jagen ist ihm angeboren, in Häusern gehalten, sucht er ihr dadurch zu genügen...., daß er den Ratten nachstellt," sagt H.G. Reichenbach im Jahre 1836 vom Pinscher.

Fest steht, daß die Vorfahren des Schnauzers die Hunde der Fuhrleute und Stallknechte gewesen sind. Die Hunde waren kleiner als die heutigen.

Im Schweizerischen Hundestammbuch werden bei den ersten Mittelschnauzern Größen zwischen 36 und 42 cm angegeben, und für die Zwergschnauzer finde ich Gewichtsangaben von 3,5 kg. "Häufig waren", so sagt der Tiermaler und Kynologe Richard Strebel, "Hunde mit Mopsschnauzen", also mit starkem Vorbiß.

Zwergschnauzer aus dem Jahre 1904

Zeichnung R. Strebel

Schnauzer Prinz v. Rheinstein
gew. 1903, verkörpert bereits das angestrebte Zuchtziel
Radierung von R. Strebel 1907

15

Bekannte Kynologen des 19. Jahrhunderts attestieren diesen Stallpinschern Schneid und Schärfe, Wachsamkeit, Anhänglichkeit, "Erbitterung auf alles niedere Raubzeug, insbesondere auf Ratten und ausgesprochene Vorliebe zu Pferden". Beliebt waren diese Hunde vor allem in Süddeutschland.

Was verlangten nun der Fuhrmann und der Stallknecht von ihrem Hund? Wo tagtäglich Pferde mit Hafer gefüttert werden, da mieten sich Mäuse und Ratten ein. Sie fressen das teure Futter und beschmutzen es. Der Kampf gegen diese Schmarotzer mußte ununterbrochen geführt werden. Es war Aufgabe der Hunde, das Gesindel kurz zu halten. Dazu brauchte man einen kleinen, wendigen und furchtlosen Hund mit ausgesprochener Jagdpassion. Ratten können sich ganz energisch zur Wehr setzen; ein Hund mit struppigem Haar um die Schnauze war hier entschieden von Vorteil, und damit sich die Ratten nicht in die Ohren des Hundes verbeißen konnten, schnitt man ihm diese kurz ab.

Des Nachts mußten die teuren Fuhren und die Pferde bewacht werden. Pferdestehlen war zeitweise direkt ein Beruf! Der Hund mußte also Stall und Fuhren bewachen. Er sollte deshalb mißtrauisch gegen jeden Fremden, wachsam und auch angriffig sein und vor allem einen ausgeprägten Sinn für das Eigentum seines Herrn haben.

Morgens früh ging die Fahrt weiter. Sie dauerte, mit Unterbrechungen, bis gegen Abend. Die Tagesleistung lag so um die 20 Kilometer herum. Der Hund mußte mitlaufen, und zwar bei jedem Wetter, er mußte auch während der Mittagsrast sein Wächteramt ausüben und auch am Abend wieder auf dem Posten sein. Hierfür brauchte

man einen zähen, ausdauernden und wetterharten Hund.

Wir können kaum annehmen, daß Fuhrleute und Stallknechte sich groß um die Verpflegung ihrer Hunde gekümmert haben. Somit mußten diese genügsam sein, fähig, sich ihre Nahrung allein zu beschaffen und sich selber die geeignete Unterkunft für die Nacht zu suchen. Wer allen diesen Anforderungen nicht genügte, der schied aus. Zuchtauslese wurde nur nach Gebrauchseigenschaften getrieben. Farbe und körperliches Ebenmaß spielten da kaum eine Rolle.

DER BEGINN DER REINZUCHT

Aus diesem Rohmaterial begannen nun Züchter um das Jahr 1878 Rassen zu bilden. Die Endprodukte dieses Bemühens waren die Schnauzer, Zwergschnauzer und Pinscher. 1879 kamen die ersten auf eine Ausstellung, sie hießen "Betti" und "Anni". 1880 wurden die ersten Rassekennzeichen aufgestellt. Bei den Schnauzern werden bereits Eisengrau oder Silbergrau bevorzugt, gestattet sind aber auch Graugelb und Rostgelb. Dem Haar wird nun Beachtung geschenkt, Bart- und Brauenwuchs gefordert. Die Zeichnungen Strebels, um die Jahrhundertwende angefertigt, zeigen schon bald eine beachtliche Einheitlichkeit.

Anfänglich war es aber noch eine recht bunte Gesellschaft, die da auf den Ausstellungen erschien. Lassen wir Strebel berichten: "Da gab es nicht nur alle möglichen Haartypen, wie strupp- und zotthaarig, schlicht langhaarige bis seidenhaarige, auch rauhhaarige verschiedener Haarlängen, sondern auch Kopftypen verschiedenster

Deutscher rauhhaariger Pinscher „MORRO II", Eigentümer J. Berta, Erfurt (aus Bylandt 1904).

Der ideale Deutsche rauhhaarige Pinscher, gezeichnet von J. Bungartz (aus Bylandt 1904).

17

Art: ausgesprochene Kurzköpfe und gestreckte Formen verschiedener Stärke. Meistens waren diese Pinscher Über- oder Unterbeißer. Die meisten waren rotgelb, schwarz, schwarzbraun und eisenfarbig."

Jetzt wurde eine strenge Zuchtauslese nach äußeren Merkmalen getrieben; doch was jahrelange Zuchtauslese im Erbgut verankert hatte, das überdauerte und hat sich bis auf den heutigen Tag erhalten.

Davon soll im nächsten Kapitel die Rede sein.

ZUR GESCHICHTE DES RIESENSCHNAUZERS

Riesen- und Zwergschnauzer hatten wohl ursprünglich kaum etwas miteinander zu tun. Der Zwerg ist ein Abkömmling der kleinen Stallpinscher, der Riese war jedoch ursprünglich der Hof,- Wach- und Treibhund der Bauern in Oberbayern, ein Angehöriger der ehemals weit verbreiteten zotthaarigen "altdeutschen" Hirten- und Schäferhunde.

Heute ist die verwandtschaftliche Beziehung jedoch offenkundig. Groß gewachsene Mittelschnauzer halfen mit, den Riesenschnauzer zur Rasse zu formen, und klein gewachsene Mittelschnauzer machten aus dem kugelköpfigen kleinen Rauhhaarpinscher den heutigen Zwergschnauzer. So sind heute die Gemeinsamkeiten der drei Größen, als da sind Körperproportionen, Schädelform, Haarstruktur und Haarfarben derart einheitlich geworden, daß wir von drei Größenvarietäten ein und derselben Rasse sprechen können, und die Standards der drei Rassen stimmen denn auch weitgehend miteinander überein.

Kehren wir kurz zur Herkunft des Riesenschauzers zurück, soweit sie überhaupt aus den dürftigen Angaben, die uns zur Verfügung stehen, rekonstruiert werden kann.

Einen ersten Hinweis auf einen riesenschnauzerähnlichen Hund finden wir auf einem Gemälde, das 1850 entstanden ist und die bayerische Prinzessin Elisabeth (die spätere Kaiserin "Sissi") darstellt. Zu Füßen der Prinzessin liegt ein großer, rauhhaariger, schwarz-rötlicher Hund, offenbar wohl ein sogenannter "Münchener Schnauzer".

Solche Hunde sollen, so will es die Überlieferung, von ungarischen Hirten, die Vieh nach Süddeutschland trieben, mitgebracht und an bayerische Bauern verkauft worden sein. Ob das stimmt, ist ungewiß. Jedenfalls darf aus der Bezeichnung "Russenschnauzer" (der Name kann auch von "Ruß" = schwarz abgeleitet sein) oder "Bärenschnauzer" kaum auf die Herkunft dieser Hunde aus östlichen Ländern geschlossen werden.

Fest steht lediglich, daß der Vorläufer des Riesenschnauzers ein alter Landschlag des Bauernhundes in Oberbayern war, ein Treib- und Wachhund, mehr langgestreckt als quadratisch gebaut, rauh- oder zotthaarig, bärtig und mehrheitlich dunkel gefärbt. Mehr kann über die Vorfahren des Riesenschnauzers nicht mit Sicherheit gesagt werden.

Solche Hunde sollen gegen Ende des letzten Jahrhunderts rund um München recht zahlreich gewesen sein. Sie waren unter anderem auch die Begleiter der Brauereiwagen und hatten diese zu bewachen. Daher kommt vielleicht der auch gebräuchliche Name "Bierschnauzer".

Im Jahre 1907 entstand in München der "Bayerische Schnauzer

Dampf-Pfeff, aus: Richard Strebel, Die Deutschen Hunde, Band I.

Klub", der sich nun des "Münchener" oder "Bierschnauzers" annahm. Und 1910 wurden erstmals sechs Rüden und drei Hündinnen des "Münchener Schnauzers" ins Zuchtbuch des Pinscher-Schnauzer Klubs (PSK) eingetragen. Vier Hunde waren pfeffersalz, drei schwarz, einer braungelb und einer graugelb.

Züchter waren vor allem Bauern, und noch 1919 schreibt H. Schoenherr in der Zeitschrift "Die Polizei", die großen Münchener Schnauzer lebten "still und verborgen in Bayern als Hirtenhunde und als Hüter und Beschützer einsamer Berghöfe." Immerhin gab es aber auch schon zielstrebige Züchter in München z. B. K. Kluftinger, der sich jedoch weigerte, seine guten Rüden "Bazi" und "Schuft v. Wetterstein" anderen Züchtern zum Decken der Hündinnen zur Verfügung zu stellen. Diese beiden Rüden haben das Bild des modernen Riesenschnauzers maßgebend beeinflußt.

Der Klub stellte nun erste Rassekennzeichen auf, die "kuhhessigen Pseudo-Riesenschnauzer mit Schäferhundtyp, mit schauder-

Zeichnung aus: Richard Strebel, Die Deutschen Hunde, Band I.

haftem Zottelhaar und scheußlichen Farben" wurden von der Zucht ferngehalten. Von einer Reinzucht war aber offensichtlich noch kaum die Rede. Um der Rasse mehr Adel zu geben, kreuzten maßgebende Züchter schwarze Deutsche Doggen und Großpudel mit Riesenschnauzern. Mitgeholfen beim Aufbau der Zucht haben auch große Mittelschnauzer. 1925 verbot der PSK die Kreuzungen, nicht alle Züchter waren mit diesem Verbot einverstanden.

Weil es angesichts der heterogenen Herkunft der Riesen recht schwierig war, Hunde mit einer Pfeffersalzfarbe zu züchten, wurden die schwarzen mehr und mehr bevorzugt, und die pfeffersalzfarbigen verschwanden fast völlig.

Erst nach dem Zweiten Weltkrieg begannen einige Züchter wieder mit dem Aufbau einiger Zuchtstämme, wobei sie übergroße Mittelschnauzer zu Hilfe nahmen. Die Nachkriegszeit brachte eine große Nachfrage nach Riesenschnauzern.

Er hat heute in Deutschland die beiden anderen Schnauzerrassen zahlenmäßig deutlich überholt.

Fürst v. Hahlweg hat in den siebziger Jahren das Bild des heutigen Schnauzers maßgeblich beeinflußt. Foto: R.A. Rothe

Kapitel Zwei

CHARKTER UND FARBEN DES SCHNAUZERS

Charakter des Schnauzers

Die Schnauzerfarben

Die Lebhaftigkeit und Beweglichkeit des alten Stallpinschers sind dem heutigen Schnauzer geblieben.   *Foto: Elisabeth Feuz*

CHARAKTER DES SCHNAUZERS

Der gute Schnauzer von heute ist der Fuhrmannshund von ehedem: Ein robuster, beweglicher Hund mit viel Temperament, wachsam und mißtrauisch, ein Hund mit ausgeprägtem Sinn für Besitz und Eigentum, oft aggressiv, wenn er sich bedroht fühlt, sehr selbständig und dennoch anhänglich. Ein Hund, der im Alter viele persönliche Eigenheiten, wenn nicht gar Schrullen, entwickelt!

Wer beim Schnauzer die guten Eigenschaften zu fördern weiß, erhält einen Wach-, Schutz- und Begleithund, der seinesgleichen sucht. Wer die schlechten Eigenschaften sich entwickeln läßt, oder gar bewußt oder unbewußt fördert, der erhält einen vollendeten Gauner!

Praktisch alle Schnauzer, ob Mittel, Zwerg oder Riese, sind von Natur aus mißtrauisch. Doch man muß zwischen Mißtrauen und Angst unterscheiden. Angeborene Ängstlichkeit und Unsicherheit gibt es - wie bei allen Hunden - bisweilen auch beim Schnauzer, aber solche Tiere werden durch die Ankörnung von der Zucht ferngehalten.

Mißtrauen heißt keineswegs Angst. Ängstlich ist der Schnauzer nicht, im Gegenteil, es ist ihm eine gehörige Dosis Frechheit und Neugier eigen. Was sein Mißtrauen erregt, muß aus der Nähe berochen und besehen werden. Daß er jeglicher Berührung durch fremde Menschen meistens aus dem Wege geht, hat mit Angst nichts zu tun. Er schätzt das einfach nicht.

Alle Schnauzer, die großen wie die kleinen, haben einen ausgeprägten Eigentumssinn. Was ihnen, respektive "ihrer" Familie gehört, das wird scharf verteidigt. Dieser ausgeprägte Eigentumssinn macht den Schnauzer zum prädestinierten

Schnauzer sind stets zum Spielen bereit und eigenen sich deshalb vorzüglich als Spielkameraden für kleine und große Kinder.

Foto: M. Roloff

Höchste Aufmerksamkeit für alles, was um ihn herum vorgeht, ist ein hervorstechender Charakterzug des Schnauzers.   *Foto: M. Erni*

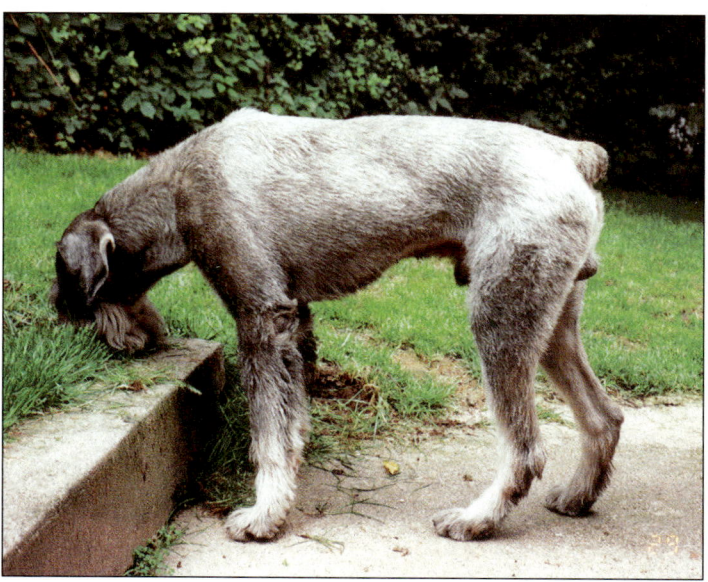

Noch nicht alle salz- und pfefferfarbigen Riesenschnauzer haben die gewünschte saubere Farbe ohne gelbliche oder bräunliche Beimischung.
Foto: Manuela Miebach

25

Wachhund. Der gute Schnauzer ist darin unübertroffen und zwar deshalb, weil er in der Regel die Grenzen seines Territoriums sehr scharf zieht. Was sich außerhalb desselben bewegt, ist ihm gleichgültig. Er ist deshalb kein unnützer Kläffer, gebellt wird erst, wenn wirklich Alarm am Platze ist. Ich kenne Schnauzer bei Gastwirten, die beachten den Gast in der Gaststube kaum, verteidigen aber die Privatgemächer wütend.

Schnauzer haben einen starken Schutztrieb. Sie greifen bei scheinbarem oder wirklichem Streit sofort zugunsten ihres Herrn ein. Vor allem der Riesen- und der Mittelschnauzer sind dann sehr unangenehme Gegner, weil sie, einmal angriffslustig, sozusagen schmerzunempfindlich sind.

Alle Schnauzer sind spielfreudig und behalten ihre Spiellust bis ins hohe Alter. Sie sind deshalb ideale Gefährten für Kinder. Typisch ist aber, daß gerade beim älteren Schnauzer die Spiellust plötzlich abbrechen kann. Mitten im Spiel wendet er sich ab, und es entspricht seinem Eigensinn, daß er sich dann zu keinem neuen Spiel mehr auffordern läßt.

Viele Schnauzer, auch die Zwerge, sind typische Einmann- oder Einfrauhunde. Im Alter von etwa 10 bis 12 Monaten erwählen sie sich innerhalb der Familie ihre Bezugsperson, und dieser hangen sie dann durch dick und dünn an.

Die Schnauzer aller drei Größen sind in der Regel recht langlebig. Vergreisung setzt bei ihnen relativ spät ein, macht dann aber oft sehr rasche Fortschritte. Unsere Hunde sind jeweils zwischen 14 bis 18 Jahre alt geworden und erfreuten sich bis kurz vor dem Tode bester Gesundheit.

Typisch für viele Schnauzer ist das Herausbilden oft verblüffender persönlicher Marotten. Ich könnte eine Menge Beispiele solcher "Selbstdressuren" erwähnen.

Die Schnauzer aller Größen sind ausgesprochene Familienhunde; nicht verschwiegen sei aber ihre Eigenwilligkeit und Selbständigkeit. Wer diese bei einem Hund nicht erträgt, der lasse die Hände vom Schnauzer. Wer aber gerade diese unverbildeten Charaktere liebt, der wird beim Schnauzer wie bei kaum einem anderen Hund auf seine Rechnung kommen.

DIE SCHNAUZERFARBEN

Ehemals eine bunte Gesellschaft

Die alten Stallpinscher waren eine bunte Gesellschaft. Es gab unter ihnen viele gelbliche und rötliche Hunde mit einer mehr oder weniger ausgeprägten schwarzen Stichelung. Recht häufig waren auch black-and-tan-farbige Hunde mit gelber oder brauner Unterwolle. Immerhin muß die heute so beliebte Salz und Pfefferfarbe bereits recht häufig vorgekommen sein, sonst wären die damaligen Züchter wohl kaum auf den Gedanken gekommen, diese Farbe allen anderen Farben vorzuziehen und sie schließlich als eigentliche Standardfarbe zu deklarieren.

Der pfeffersalzfarbige Schnauzer

Diese Farbbezeichnung soll, so habe ich einmal irgendwo gelesen, ursprünglich aus der Textilbranche hervorgegangen sein und ein fein schwarz-weiß gewürfeltes Tuch bezeichnet haben. Ob das stimmt oder nicht, weiß ich nicht. Sicher ist aber, daß die ersten Hunde dieses Farbenschlages, die der Tiermaler Richard Strebel gezeichnet und gemalt hatte - und er war ein sehr gewissenhafter Maler - eine

Der schwarze Rücken des Junghundes wird sich später zu einem mittleren Pfeffersalz aufhellen.   *Foto: E. Feuz*

Fellfarbe hatten, die nicht unähnlich derjenigen eines europäischen Grauwolfes war. Viele dieser "eisengrauen" Hunde hatten gelbbraune Abzeichen am Kopf und an den Füßen. So finden wir in den alten Zuchtbüchern recht häufig die Farbbezeichnung "Pfeffer und Salz mit braunen Abzeichen an den Läufen".

Für die genaue Einordnung der Pfeffer und Salzfarbe in die genetische Nomenklatur sind sich die Gelehrten noch heute nicht einig. Das zeigt z.B. die neueste Definition der Fédération Cynologique Internationale (FCI), die von "Sable charbonné" spricht, also "rußig-sandfarben", womit ein völlig falsches Zuchtziel gesetzt wird.

Denn das Bestreben der Züchter ging von allem Anfang dahin, die gelbe Farbe ("sable" wird in der Kynologie überall als "gelb" verstanden) zu verdrängen und Schnauzer zu züchten, die ein möglichst silberfarbenes Fell ohne jegliche gelbliche oder bräunliche Tönung hatten.

Neueste molekularbiologische Untersuchungen des Amerikaners Wayne an 7 verschiedenen Hunderassen und 26 Unterarten des Grauwolfes aus verschiedenen Gegenden der Erde haben gezeigt, daß die DNS-Strukturen, also der chemische Aufbau der Struktur im Zellkern, die den Erbcode enthalten, bei Hunden und Wölfen nur ganz geringfügig von einander abweichen.

Diese Untersuchungen bestätigen - was die Ethologen auf Grund ihrer Untersuchungen über das Verhalten von Wölfen und Hunden längst festgestellt haben - daß der Hund eine Unterart des Grauwolfes ist, wobei er allerdings als Unterart Canis lupus familiaris an die Grenzen des Artbegriffes stößt. (Man vergleiche nur beispielsweise den Schädel eines Deutschen Schäferhundes mit dem Schädel eines Pekinesen!) Wir haben deshalb bei der Betrachtung der Fellfarben bei Hunden davon auszugehen, daß alles, was in dieser Beziehung bei Hunden vorkommt, beim Wolf vorprogrammiert ist.

Da der Wolf ein Tier ist, das einerseits flink genug ist, um seinen Feinden davonzulaufen, andererseits aber auch, namentlich im Rudelverband, allfällige Feinde abwehren kann, hatte bei ihm die Ausbildung besonderer Tarnfarben offenbar nie eine große selektive Bedeutung. Wölfe sind grau, schwarz oder fast weiß.

Die chemischen Grundlagen für die Bildung der Haarfarben sind einenteils das Eumelanin für schwarz und braun und das Phäomelanin für gelb und rot. Die Fellfarbe hängt im Wesentlichen davon ab, welche der beiden Komponenten in den Markzellen und in der Rinde des einzelnen Haares dominiert. Verschiedene modifizierende Erbfaktoren können diese Grundfarben beeinflussen; sie können sie z.B. aufhellen, so daß Schwarz zu Blau, Rot zu Blaßgelb wird. Sie können die Farbverteilung auf dem Körper beeinflussen, sie können sie aber auch völlig unterdrücken, so daß der Hund weiß wird, bzw. uns weiß erscheint (siehe "Der weiße Schnauzer").

Das komplexeste Farbmuster bildet die sogenannte Agutiserie (so genannt nach einem südamerikanischen Nagetier), zu der auch die Farben des pfeffersalzfarbenen Schnauzers gehören. Bei dieser Färbung werden die Farben zonenweise im Deckhaar eingelagert, sodaß ein Ringelmuster entsteht, bei dem, je nach den modifizierenden Faktoren, die schwarzen oder die rötlichen Faktoren überwiegen können. So überwiegt z.B. beim hirschroten Pinscher deutlich der Anteil des Phäomelanins, beim sehr dunkel pfeffersalz-farbigen Schnauzer dagegen überwiegt der Anteil des Eumelanis. Durch bestimmte Erbfaktoren - ich verzichte absichtlich auf eine Benennung durch Buchstabensymbole - kann die Bildung von Phäomelanin unterdrückt werden, anstelle der braunen Einlagerung im Deckhaar bleiben die betreffenden Stellen farblos; es entsteht die Pfeffersalzfarbe.

Charakteristisch für diesen Farbtyp ist, daß die Welpen bei der Geburt sehr dunkel sind und erst im Laufe des ersten Lebensjahres aufhellen. Mitunter kann der Auf-

Junge Schnauzer sind oft sehr dunkel gefärbt. Sie erhalten ihre endgülti-
ge Farbe erst nach dem 1., oft auch erst nach dem 2. oder 3. Haarwech-
sel.   *Foto: E. Feuz*

Die „Klassische Farbe" des Schnauzers ist immer noch Pfeffer und Salz.
Foto: E. Feuz

hellungsprozeß auch noch über das erste Lebensjahr hinausdauern. Es ist deshalb recht schwierig, bei einem zwölf Wochen alten Junghund eine gültige Aussage über seine spätere Färbung zu machen.

Ich sagte schon, daß das Farbmuster der Agutiserie ein sehr komplexes Gebilde ist, ein Grauwolf ist keineswegs von der Schnauze bis zur Schwanzspitze einheitlich grau. Das erkennbare Zeichenmuster hat offenbar bei den sozial lebenden Wölfen die Bedeutung von optischen Ausdrucksstrukturen. Wichtige Geruchszentren werden optisch hervorgehoben. Das gleiche Zeichenmuster, wir sprechen etwa von "Wildfarbigkeitsabzeichen", erkennen wir unschwer auch noch beim pfeffersalz-farbigen Schnauzer.

Dabei ist zu beachten, daß Farbe und Farbverteilung auf dem Körper durch unabhängig voneinander wirkenden Erbfaktoren gesteuert werden. Dieses Prinzip wird beim schwarz-silber Schnauzer und beim schwarz-roten Pinscher deutlich sichtbar. Bei beiden Farbschlägen hat das Haar nicht mehr die ursprüngliche Bänderung, aber die Wildfarbigkeitsabzeichen sind erhalten geblieben.

Diese Wildfarbigkeitsabzeichen markieren, wie ich bereits sagte, zum Teil wichtige Geruchszentren, wie zum Beispiel die Analgegend, die Lippenränder, die Spürhaare an den Wangen, die Viole auf der Schwanzoberseite, die Innenseiten der Ohren, die Hals- und Schulterpartien und die Pfoten.

Alle diese Stellen werden optisch durch eine von der übrigen Körperfarbe unterschiedliche Färbung hervorgehoben. Als optische und nicht geruchliche Ausdrucksstrukturen sind der dunkle Nasenrücken und die Überaugenflecken

zu werten. Beim Drohen wird die Gesichtsmuskulatur verkürzt, der Nasenrücken kraus gezogen, die dunkle Färbung verdichtet sich, die Drohgebärde wird wirkungsvoll untermalt.

Die Sicherheit des Blickes kennzeichnet den sicheren Wolf. Einander ins Gesicht starren, wird weitherum im Tierreich (und auch beim Menschen!) als aggressiv empfunden. Die hellen Überaugenflecken unterstreichen den starren Blick. Dunkler Nasenrücken und helle Überaugenflecken sind beim pfeffersalz-farbigen Schnauzer noch deutlich vorhanden, der neueste Zusatz der FCI "mit oder ohne Maske" ist deshalb völlig falsch und darf nicht zum Zuchtziel werden.

Die Rückseiten der Ohren sind beim Wolf oft fuchsig rot, sie werden gegen die Spitze hin allmählich dunkler und enden oft in eine schwarze Spitze. Die unreine Farbe an der Ohrenbasis vieler Schnauzer - sogar der schwarzen - ist uraltes Wolfserbe und trotzt oft allen züchterischen Bemühungen.

Die Unterschenkel des Wolfes haben oft eine intensiv gelbrot gefärbte Zone, die sich vom Fersengelenk bis zu den Zehen hinunterzieht. Diese Färbung hat sich beim pfeffersalz-farbigen Schnauzer besonders lange erhalten. Und sie ist auch heute noch nicht restlos verschwunden; bei Schnauzerwelpen ist sie fast die Regel.

Die ausgebreitete Wolfsdecke zeigt eine Art Kreuzzeichnung. Der Aalstrich bildet den Kreuzstamm, die dunklen Streifen über den Schulterblättern, die sich über den Unterarm bis zum Fußwurzelgelenk fortsetzen, bilden die Kreuzarme. Das gleiche Muster zeigt auch die ausgebreitete Schnauzerdecke in unterschiedlicher Ausprägung. Aalstrich, starke

Aufhellung, mitunter sogar Gelb-
färbung der Halsseiten und bräunliche Pfoten trotzen hartnäckig
allen züchterischen Bemühungen.

Die zonenweise Einlagerung des
Pigments im Haar erfolgt während
des Wachstums. Ändert sich das
Pigment, so wird das Haar gebän-
dert. Der Aufbau ist recht kompli-
ziert. Man nimmt heute an, daß an
der Ausbildung einer bestimmten
Haarfärbung mindestens zehn verschiedene Gene beteiligt sind. So
ist nicht jedes Haar gleich gefärbt
wie das andere. Daraus ergibt sich
die unterschiedliche Schattierung
des Gesamtfells; sie kann beim
Schnauzer von sehr hell pfeffersalz
bis zu einem dunklen Eisengrau
variieren. Angestrebt wird eine
mittlere Schattierung. Erwünscht
sind weder Hunde mit fast weißen
Köpfen, noch die sogenannten
"Kaminfeger".

Alle für die Fellfarbe des Wolfes
notwendigen Erbfaktoren sind
beim pfeffersalz-farbigen Schnauzer noch vorhanden, wobei allerdings modifizierende Faktoren ein-
zelne Komponenten beeinflussen.
Im Idealfall fehlt das Gen für die
Bildung des gelben Farbstoffes
völlig, der durch ein mutiertes
Gen, den "Chinchillafaktor", unterdrückt wird. Dieser Faktor bewirkt
nun, daß überall da, wo im Wolfs-
fell gelbe Farbe eingelagert wird,
diese Stellen beim pfeffersalz-farbigen Schnauzer "leer" bleiben, die
erscheinen uns deshalb weiß. Die
reine Pfeffersalzfarbe kann deshalb
als Wildfarbe ohne Braun definiert
werden, aber sicher nicht als "sable
charbonné", wie sie in der Sprache
der FCI neuerdings heißt.

Man nimmt heute an, die Pigmentierung der Iris erfolge unabhängig von der Pigmentierung des
Fells, eine gewisse Korrelation ist
aber offensichtlich. So haben scho-
koladefarbene oder isabellfarbige
Hunde fast immer hellere Augen
als wildfarbige oder dreifarbige
Hunde.

Sollte die Theorie der unabhän-
gigen Pigmentierung stimmen,
dann müßte es möglich sein, pfef-
fersalz-farbige Schnauzer mit
braunen Augen ohne jeglichen Anflug von Braun im Fell zu züchten.
Stimmt sie aber nicht, dann wird
immer zu den gewünschten braunen Augen eine bräunliche Tönung
der Unterwolle in Kaufe genommen werden müssen, was durchaus
unerwünscht ist und deutlich im
Gegensatz zur Farbdefinition der
FCI steht.

Das Zuchtziel ist eine sich möglichst über den ganzen Körper
erstreckende und bis zu den Zehenspitzen hinunter reichende gleichmäßige Farbe ohne helle Abzeichen am Kopf und an den Läufen.
Hunde mit einer solchen Färbung
sind immer noch relativ selten, und
sie werden vermutlich immer eine
Minderheit bilden.

Ob eine solche, von Kopf bis
Fuß gleichmäßige, Färbung erstre-
benswert ist, ist Geschmackssache.
Persönlich finde ich sie eher lang-
weilig. Der Schnauzer mit einem
etwas aufgehellten Bart und einem
dunklen Nasenrücken hat ein aus-
drucksvolleres Gesicht als derjenige mit dem einheitlich grauen
Kopf, und etwas aufgehellte Pfoten
stören mich ebenfalls nicht. Es ist
eben auch hier wie anderswo:
Jedem Narr gefällt seine Kappe am
besten! Das sollte jedoch keine
Aufforderung sein, mit Hunden mit
weißen Abzeichen zu züchten!

Der schwarze Schnauzer

Schwarze Schnauzer gab es
bereits zu Beginn der Reinzucht.
Band I des Pinscher-Zuchtbuches
verzeichnet zehn schwarze Rüden.

Ein schwarzes Fell entsteht,
wenn durch eine Mutation im Haar

Junger, schwarzer Mittelschnauzer.   *Foto: E. Feuz*

das ursprüngliche Ringelmuster unterdrückt wird, und wenn gleichzeitig auch die sogenannten Wildfarbigkeitsabzeichen verschwinden (siehe Salz und Pfefferfarbe). Der Hund wird dann von der Schnauze bis zur Rute einheitlich schwarz.

Wenn wir uns ausnahmsweise einmal der Gensymbole bedienen wollen, so erhalten wir für den schwarzen Schnauzer die Formel EE AA gg, wobei E das Symbol für den Schwarzausdehnungsfaktor, A ein dominanter Schwarzfaktor und g ein rezessiver Schwarzfaktor ist. Hunde mit dieser Erbformel haben ein sogenanntes "summiertes Schwarz". Wir schließen dessen Vorhandensein daraus, weil bei einer Kreuzung von schwarzen Schnauzern mit pfeffersalzfarbigen die Nachkommen der ersten Generation alle schwarz sind. Ihr Schwarz ist nun aber freilich nicht mehr ein "summiertes Schwarz",

Der schwarze Schnauzer soll gänzend lackschwarz sein. Ein roter Bart oder rote Augenbrauen sind unerwünscht.   *Foto: E. Feuz*

die Erbformel für ihre Schwarzfärbung lautet jetzt EE Aw Gg, wobei Aw der Faktor für die Haarringelung ist und G derjenige für das Zeichnungsmuster der Wildfarbe (helle Abzeichen). Der Dominantschwarzfaktor A vermag sich nicht mehr vollständig durchzusetzen. Deshalb haben die Kreuzungstiere in der Regel eine braune Unterwolle und vereinzelt auch gebänderte Deckhaare. Sie erreichen nie das tiefschwarze Fell der reinerbigen Tiere. Verlangt wird vom schwarzen Schnauzer eine glänzende tiefschwarze Fellfarbe ohne weiße Stichelhaare (Silberung). Es ist hier angebracht, auf den Unterschied zwischen Pfeffersalz und Silberung hinzuweisen. Wie die Pfeffersalzfarbe entsteht, haben wir bereits erläutert; Silberung entsteht dann, wenn ein an sich sonst schwarzes, braunes oder gelbes Tier zahlreiche weiße Stichelhaare aufweist. Je nach der Grundfarbe haben wir dann einen Schwarzsilber, Blausilber, Braunsilber oder Gelbsilber. (Eine echte Silberung wird bei keiner anerkannten Hunderasse zugelassen!)

Man nimmt heute an, Braunrot könne durch eine Oxydation des Eumelanins entstehen, das würde den oft unerwünschten rötlichen Anflug an Kopf und Läufen der schwarzen Schnauzer erklären. Nach meiner Erfahrung wird die Tendenz zum Rotwerden vererbt. Die Erklärung der Züchter, der Hund mit dem roten Anflug sei eben viel an der Sonne, ist nicht unbedingt stichhaltig, auch wenn nicht bestritten werden soll, daß intensive Sonnenbestrahlung den Oxydationsvorgang fördern kann.

Oft ist bei schwarzen Hunden die Pigmentierung bei der Geburt noch nicht völlig abgeschlossen. Die Welpen haben mehr oder weniger große weiße Brustflecken und weiße Zehenspitzen. Bis zum Alter von zehn Wochen sollte die Pigmentierung abgeschlossen sein. Weiße Flecken, die dann noch bestehen, verschwinden in der Regel nicht mehr.

Der schwarz-silber Schnauzer

Der schwarz-silber-farbene Zwergschnauzer ist aus den black and tanfarbenen hervorgegangen. (Noch in den dreißiger Jahren wurden black and tanfarbige Zwerge ins schweizer Hundestammbuch eingetragen, und noch 1948 versuchten drei Züchter, diesen Farbenschlag wieder zu züchten. Der zuständige Rasseclub lehnte diese Zuchtversuche jedoch ab.) Black and tan ist ein uraltes Domestikationsmerkmal, und es gibt verschiedene Autoren, die dieses Farbmuster geradezu als ein besonderes Zeichen von Vitalität be-

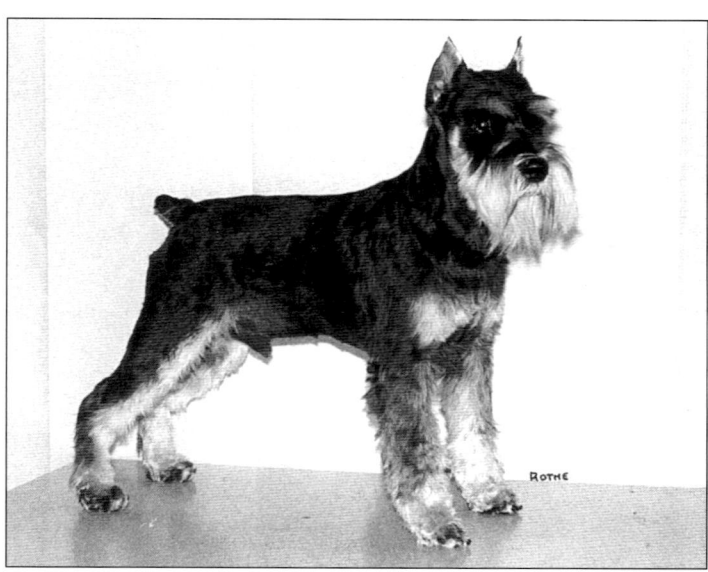

Die ersten schwarz-silber Zwerge, die aus Kanada nach Europa kamen, hatten noch sehr unscharf abgegrenzte Abzeichen, viele wurden im Alter von 3-4 Jahren völlig mausgrau. Foto: R.A. Rothe

Schwarz-Silber Zwergschnauzer.
Der Vater ist 3 Jahre, der Sohn 9 Wochen alt.

Foto: Elisabeth Feuz

35

trachten. Von black and tan sprechen wir dann, wenn das Ringelmuster des Wildhaares ausbleibt, die gelben oder braunen Wildfarbigkeitsabzeichen am Kopf, an der Kehle, auf der Brust, an den Läufen und rund um den Anus jedoch bestehen bleiben. Modifizierende Faktoren lassen die lohfarbenen Abzeichen - sehr zum Leidwesen der Züchter von black-and-tanfarbenen Rassen - oft bis zu Crème oder im Extremfall bis zu Weiß verbleichen. Wir erhalten so den Schwarzsilber.

Weil anfänglich oft sehr dunkel gefärbte pfeffersalzfarbige mit schwarzsilbernen Zwergen gekreuzt worden sind, und weil Schwarz nicht durchschlagend dominant über Pfeffersalz ist, gab es viele Schwarzsilber, die allmählich mit zunehmendem Alter immer grauer wurden und schließlich von dunkel pfeffersalzfarbigen Hunden nicht mehr zu unterscheiden waren. Diese Schwierigkeiten sind heute, dank gezielter Zuchtauslese, weitgehend überwunden. Wir haben heute Schwarzsilber, die bis ins hohe Alter eine schwarze Decke haben.

Leider kreuzen die Amerikaner die beiden Farbenschläge immer noch miteinander, so daß die Schwarzsilber aus Amerika immer wieder unreine Farben vererben. Daß immer mit schwarzer Haarfarbe nachgeholfen wird, ist kein Ruhmesblatt, aber irgendwie bezeichnend für die Mentalität einiger Aussteller.

Der weiße Schnauzer

Der weiße Zwergschnauzer hat eigentlich ein farbloses Fell, es gibt im Hundehaar keinen weißen Farbstoff. Offenbar kann die weiße Farbe bei Hunden durch verschiedene Mutationen entstehen, jedenfalls geben uns die Genetiker verschiedene Möglichkeiten an.

Halten wir uns an die einfachste und verständlichste Version. Wie bereits eingangs gesagt, hat der weiße Schnauzer ein farbloses Fell. Die luftgefüllten Hohlräume der Hornschicht des Haares verursachen für unser Auge den Effekt von Weiß, so wie mit Luft gefüllte Wasserblasen uns ebenfalls weiß erscheinen. Ebenso enthält auch Schnee keinen weissen Farbstoff.

Weiße Zwergschnauzer bilden zwar Pigment, aber ein besonderes Gen verhindert die Einlagerung des Pigments ins Haar, nicht aber in die Haut. Weiße Zwergschnauzer sind deshalb nicht Albinos, die keinen Farbstoff bilden können; genotypisch sind sie schwarz und haben deshalb schwarze Nasen, schwarze Lippenränder, schwarze Augenlider, schwarze Pfotenballen und dunkle (blaue) Pigmentflecken in der Haut. Bilden sie zudem noch rötliches Pigment (Phäomelanin), so haben sie einen rötlichen Aalstrich und oft auch eine rötlichgelbe Ohrenbasis. Im Interesse der Erhaltung einer guten Pigmentierung sollte man solche "Hunde", wenn ihr Aalstrich nicht allzu dunkel ist, von der Zucht der weißen Zwerge nicht ausschließen, auch wenn sie auf Ausstellungen nicht in den vordersten Rängen stehen werden.

Die Zuchtbasis der weißen Zwergschnauzer ist immer noch sehr schmal. Um Erbschäden und einer durch Inzucht bedingten Fitneßminderung vorzubeugen, bietet sich die Kreuzung mit schwarzen Zwergschnauzern an. Schecken sind aus diesen Kreuzungen nicht zu erwarten, weil weder die schwarzen noch die weißen Hunde den Scheckungsfaktor in sich tragen.

Der Standard läßt Schattierungen von dunkel Eisengrau bis hell Silbergrau zu.   *Foto: E. Feuz*

Ein Bild aus vergangenen Tagen: Größte Förderin der weißen Zwergschnauzer war Frau Irmgard Sauer in Ludwigsburg.

        Foto: Baumann

37

Kapitel Drei

STANDARD

Mittelschnauzer und Zwergschnauzer, beide hochdotierte Siegerhunde.
Foto: Elisabeth Feuz

Vorbemerkung

Der Standard für den Riesenschnauzer sagt zur Gesamterscheinung: "Der Riesenschnauzer ist das vergrößerte und verstärkte Abbild der Schnauzers, im Ganzen ein trutzig-wehrhafter Hund von Respekt einflößendem Aussehen". Und der Standard für den Zwergschnauzer sagt analog: "Der Zwergschnauzer ist das verkleinerte Abbild des Schnauzers ohne die Mängel zwerghafter Erscheinungen".

Die drei Standards für Schnauzer, Riesenschnauzer und Zwergschnauzer weichen denn auch nur in wenigen, durch die Größe bedingten anatomischen Unterschieden voneinander ab. Wir können uns deshalb hier auf die Wiedergabe des Schnauzer-Standards beschränken und im anschließenden Kommentar auf die Unterschiede eingehen.

Standard Schnauzer
FCI-Nr. 182 b
Deutsche Rasse

A. GESAMTERSCHEINUNG

Der Schnauzer ist rauhhaarig, mittelgroß, kräftig und eher gedrungen als schlank mit quadratischem Bau, d.h. die Widerristhöhe entspricht etwa der Rumpflänge. Der Trab vollzieht sich in diagonaler Folge.

Typische Wesenszüge sind sein schneidiges Temperament, das mit bedächtiger Ruhe gepaart ist, ein gutartiger Charakter, sehr kinderlieb, ein unbestechlicher Wächter, ohne ein Kläffer zu sein.

Hoch entwickelte Sinnesorgane, Klugheit, Unerschrockenheit, Ausbildungsfähigkeit, Ausdauer und Widerstandsfähigkeit gegen Witterung und Krankheiten geben dem Schnauzer alle Voraussetzungen zu einem hervorragenden Wach- und Begleithund, der auch als Gebrauchshund geeignet ist.

B. EINZELHEITEN DES STANDARDS
1. Kopf

Der Kopf ist kräftig, langgestreckt, ohne stark hervortretendes Hinterhauptbein, von den Augen bis zur Nasenspitze allmählich schmaler werdend, die Gesamtlänge (Nasenspitze bis Hinterhauptbein) verhält sich zur Rückenlänge ungefähr wie 1:2. Er soll zur Wucht des Hundes passen. Der Stirnabsatz (Stop) erscheint durch die Brauen deutlich ausgeprägt, der gerade Nasenrücken verläuft parallel zur Verlängerung der faltenlosen, flachen Stirn. Die Kaumuskulatur ist kräftig entwickelt, doch darf keine stark ausgeprägte Backenbildung die rechteckige Kopfform (mit Bart) stören. Der Fang endet in einen mäßig abgestumpften Keil. Die Nasenkuppe ist voll und schwarz. Die Lippen sollen anliegen, sie sind bei beiden Farbenschlägen schwarz.

2. Gebiß

Das vollständige Scherengebiß ist kräftig, gut schließend und rein weiß.

3. Ohren

Kupiertes Ohr: Hoch angesetzt, gleichmäßig geschnitten, aufrecht getragen.

Unkupiertes Ohr: Angesetzt, v-förmig, mit Klappfalte oder kleines Stehohr, gleichmäßig aufrecht getragen.

4. Augen

Die dunklen Augen sind oval und nach vorne gerichtet. Das untere Augenlid liegt an, so daß die Bindehaut nicht sichtbar ist.

Der Zwergschnauzer sollte das verkleinerte Abbild des Mittelschnauzers sein. Foto: E. Feuz

Ideale Kopfform: Schädellinie und Nasenrücken verlaufen parallel. Die Ohrenspitzen liegen den Wangen an. Foto: E. Feuz

41

Ein edel geformter Riesenschnauzerkopf. Hervorzuheben ist ebenfalls die reine Salz- und Pfefferfarbe.   *Foto: Manuela Miebach*

Ein dunkler Nasenrücken gibt dem Schnauzergesicht den gewünschten Ausdruck.   *Foto: B. Zimmermann*

Korrekt gebauter und gut gefärbter schwarz-silber Zwergschnauzer.
Foto: M. Erni

*Der sonst
vorzügliche
Zwerg-
schnauzer trägt
die Ohren zu
hoch.
Foto: Gossweiler*

5. Hals

Der edel geschwungene Hals ist kräftig aufgesetzt und zur Wucht des Körpers passend, er darf nicht kurz und nicht dick sein. Der starke Nacken ist erhaben gewölbt, die Kehlhaut liegt straff und faltenlos an (trockener Hals).

6. Rumpf

Die Brust ist mäßig breit, flachgerippt und im Querschnitt oval. Sie reicht bei guter Wölbung bis über die Ellbogenhöhe. Die Vorbrust ist durch den die Schultergelenke überragenden Anfang des Brustbeines, das Schultergelenk und den Oberarm markant ausgebildet. Die Unterbrust steigt nach rückwärts leicht an und geht in den mäßig aufgezogenen Bauch über. Der Abstand vom letzten Rippenbogen bis zur Hüfte ist kurz, damit der Schnauzer gedrungen wirkt.

Die Gesamtlänge des Rumpfes entspricht ungefähr der Widerristhöhe. Der Rücken ist kurz und leicht abfallend. Die obere Begrenzungslinie ist nicht schnurgerade, sondern zeigt einen leichten edlen Schwung, der durch den kräftigen ersten Wirbel des Widerrists, den Rücken und die leicht abgerundete Kruppe bis zum Rutenansatz gebildet wird.

7. Rute

Die Rute ist hochangesetzt und wird aufwärts getragen. Sie wird auf etwa drei Wirbel geschnitten.

8. Vordergliedmaßen

Die schräg gestellten Schulterblätter und der Oberarm sind gut gewinkelt und flach, aber kräftig bemuskelt.

Die Vorderläufe sind als starke, allseits gerade Stützen ausgebildet, die Ellbogen liegen an. Von der Seite gesehen ist der Vordermittelfuß leicht schräg nach vorne gestellt.

Die helle Nackenfarbe stört das Gesamtbild der sonst gut gefärbten Mittelschnauzer-Hündin. Foto: R.A. Rothe

Die Vorbrust, gebildet aus dem Schulterblatt-Oberarm-Winkel und der Brustbeinspitze muß deutlich markiert sein. (Der aus Israel stammende Hund hat noch kupierte Ohren).   Foto: R. Trainin

Elegant und doch „wehrhaft-trutzig" ist der gut gebaute Riesenschnauzer.   *Foto: E. Schicker*

9. Hintergliedmaßen

Die Keulen sind schräg gestellt und kräftig bemuskelt.

Die Sprunggelenke sind ausgeprägt gewinkelt. Von hinten gesehen stehen die Läufe parallel.

10. Pfoten

Die Pfoten sind kurz, rund und haben nach oben gewölbte Zehen (Katzenpfoten) mit dunklen Nägeln und derben Sohlen.

11. Haarkleid

Das Haarkleid ist rauh. Das Deckhaar soll drahtig hart und dicht sein. Das Haarkleid besteht aus dem keineswegs zu kurzen Deckhaar und der dichten Unterwolle. Das Deckhaar ist rauh, weder struppig noch gewellt. Das Kopf- und Beinhaar ist ebenfalls hart, an der Stirne und an den Ohren etwas kürzer. Als typisches Rassemerkmal bildet es am Fang den harschen Bart und die buschi-

gen Brauen, die die Augen leicht überschatten.

12. Farben

Die Farben sind reinschwarz und pfeffersalz. Für pfeffersalzfarbig gilt als Zuchtziel eine mittlere Tönung mit gleichmäßig verteilter, gut pigmentierter Pfefferung und grauer Unterwolle. Zugelassen sind die Farbnuancen vom dunklen Eisengrau bis zum Silbergrau. Alle Farbvarianten müssen eine, den Ausdruck unterstreichende dunkle Maske aufweisen, die sich harmonisch dem jeweiligen Farbschlag anpassen soll. Weiße Abzeichen auf der Brust und an den Läufen sind unerwünscht.

13. Größe

Die Widerristhöhe liegt zwischen 45 und 50 cm.

14. Fehler

Als Fehler gelten: Plumper oder

leichter, niedriger oder hochläufiger Bau; schwerer oder runder Oberkopf, Stirnfalten, tief angesetzte oder schlecht kupierte Ohren; helles zu großes oder rundes Auge, stark hervortretende Backenknochen, lose Kehlhaut, Hirschhals; Auf-, Vor- oder Unterbeißer, Staupegebiß, kurzer, spitzer oder schmaler Fang, zu langer, aufgezogener oder weicher Rücken, Karpfenrücken, abfallende Kruppe, Hasenrute, nach außen gedrehte Ellenbogen, nach innen gedrehte Hacken, steile oder faßbeinige Hinterhand, lange Pfoten, Paßgang; zu kurzes, zu langes, weiches, gewelltes, zottiges, weißes oder fleckiges Haar oder sonstige Farbbeimischungen, Aalstrich, schwarzer Sattel, Stichelung, Terrierausdruck.

N.B. Rüden müssen zwei sichtlich normale, gut im Skrotum liegende Hoden aufweisen.

So soll der ideale Schnauzer aussehen

Einen Standard zu lesen ist nicht jedermanns Sache. Der Text ist meistens mit kynologischen Ausdrücken gespickt, die der Laie nicht versteht, und zudem ist es recht schwierig, einen geschriebenen Text in ein visuelles Bild umzusetzen. Die Interpretationen können, wie Versuche gezeigt haben, recht weit auseinander gehen. Als Modell für die Standards aller drei Größen diente der Mittelschnauzer, wobei größenbedingte Abweichungen unumgänglich sind. Ich habe bereits im Kapitel "Herkunft" darauf hingewiesen, daß beispielsweise zwischen dem Schädelskelett und der Körpergröße bestimmte Korrelationen bestehen, die züchterisch nicht umgangen und verwischt werden können.

Die äußere Erscheinung des Mittelschnauzers zeigt einen kraftstrotzenden, keineswegs leichten, aber dennoch nicht plumpen Hund. Beim Riesenschnauzer fügt der Standard noch die Worte "trutzig-wehrhaft" hinzu.

Die Kopflänge soll mindestens die Hälfte der Rückenlänge (gemessen von der höchsten Stelle der Schulterblätter bis zum ersten Rutenwirbel) ausmachen, und die Brust muß mindestens auf die Höhe der Ellenbogen hinunterreichen. Nun lassen sich die Körperproportionen eines mittelgroßen Hundes nicht unverändert auf einen großen Hund übertragen. Der gesamte Körperbau des Riesenschnauzers ist weniger kompakt als beim Mittelschnauzer, die Rückenlänge ist beim Riesen, bezogen auf die Kopflänge und die Schulterhöhe, in der Regel etwas länger als beim Mittelschnauzer. Extrem kurzrückige Rüden, wie wir sie beim Mittelschnauzer bisweilen antreffen, gibt es beim Riesen kaum. Und sie sind hier, wenn der Riese ein Gebrauchshund bleiben soll, auch nicht unbedingt erwünscht.

Der gute Zwergschnauzer ist jedoch im Idealfall das verkleinerte Abbild des Mittelschnauzers und soll keine Merkmale der Verzwergung (Nanismus), wie z.B. einen kugelförmigen Schädel, eine zu kurze Schnauze oder hervortretende Augen aufweisen.

Dem quadratischen Bau des Hundes (Widerristhöhe = Körperlänge) entspricht eine mäßige Winkelung der Hinterläufe. Steile Hinterläufe sind zwar verpönt, doch dürfen wir beim Schnauzer nie eine Winkelung wie beim Deutschen Schäferhund verlangen.

Die nicht übermäßige Winkelung beeinträchtigt jedoch keineswegs die Vorwärtsbewegung, denn dafür maßgeblich ist ja nicht die Winkelung der Knie- und Fersengelenke, sondern die Beweglichkeit der Hüftgelenke.

Dem etwas gestreckteren Körperformat entsprechend ist die Vorwärtsbewegung des Riesenschnauzers in der Regel fördernder als beim Mittel- und beim Zwergschnauzer, der Schub aus der Hinterhand ausgreifender.

Der Hals ist fest und keineswegs so schlank wie bei einem Airedale Terrier. Die Nackenlinie soll leicht nach außen gebogen sein und ohne Knick in die leicht schräg abfallende Rückenlinie übergehen. Die jetzt aus Amerika nach Europa kommenden Zwergschnauzer mit den langen, schlanken Terrierhälsen betrachten wir (vorläufig noch!) als durchaus atypisch.

Auf einen korrekten Übergang der Halspartie in die Rückenpartie legen wir großen Wert, denn sie

Schulterblatt und Oberarm sollen einen deutlichen Winkel bilden, ebenso sollen Knie- und Fersengelenk deutlich gewinkelt sein.
Der Widerrist liegt höher als die Kruppe, das dazwischen liegende Stück Rücken ist gerade. Die Brust reicht bis auf Ellenbogenhöhe hinab, die Bauchlinie ist leicht aufgezogen.

Foto: E. Feuz

beeinflußt das Gesamtbild des Hundes maßgebend. Eine vollständig waagerecht liegende Rückenlinie ist vor allem beim Rüden nicht schön. Die Schulterpartie muß bei einem guten Hund deutlich höher liegen als die Kruppe. Dagegen sollte die Rückenlinie von der Rückendelle (Lage des diaphragmatischen Wirbels) möglichst gerade (nicht waagerecht!) sein, wobei die Kruppe weder stark abfallen und schon gar nicht aufsteigen soll. Die Rückendelle darf nicht mit einem "weichen Rücken" verwechselt werden, sie ist durch den Wechselwirbel bedingt. Bei einem weichen Rücken liegt der tiefste Punkt der Rückenlinie ungefähr in der Mitte. Zur Wucht des Körpers gehört die gut vorspringende Vorbrust, die durch die Schräglage der Schulterblätter und durch das Brustbein geformt wird. Eine fehlende Vorbrust ist fehlerhaft, wir wollen einen Schnauzer und nicht einen Terrier.

Nicht typisch sind die überlan-

gen Köpfe, die jetzt vor allem bei den amerikanischen Zwergschnauzern üblich geworden sind. Häufig sind sie noch unter den Augen stark eingekniffen und weisen einen überlangen Fang auf, dessen obere Linie ohne Stop in die häufig leicht nach außen gewölbte Stirnlinie übergeht. Das sind Terrier- aber nicht Schnauzerköpfe. Wir wollen keinen runden, plumpen Kopf. Der Fang soll deutlich länger sein als der Oberkopf und dieser wiederum muß, von oben gesehen, deutlich in die Länge gezogen sein. Aber zur Wucht des Schnauzerkörpers gehört ebenfalls ein kräftiger Kopf mit eirunden, weder stark offenen noch schmalen Augen.

Größenbedingt hat der Riesenschnauzerschädel immer eine ausgeprägte Scheitelleiste (Crista sagitalis) und ein stark markiertes Hinterhauptbein. Das gibt ihm einen etwas anderen Kopfausdruck als beim Mittelschnauzer, bei dem Scheitelleiste und Hinterhaupthöcker weit schwächer ausgebildet sind. Beim Zwergschnauzer sind sie oft nur noch schwach angedeutet, immerhin völlig fehlen sollen sie nicht, denn ihr Fehlen ergibt einen unerwünschten Kugelkopf. Die gewünschte Kopfform erhalten wir dann, wenn wir nur Hunde zur Zucht einstellen, die in ihrer frühesten Jugend, also bevor der Bart die Kopfform maßgebend beeinflußt, richtige "Zündholzschächtelchen-Köpfe" aufweisen, bei denen also die Schnauze fast so breit wie der Oberkopf und der Fang bereits so lang wie der Oberkopf sind. Junghunde mit spitzen, fuchsartigen Schnauzen und solche mit runden Kugelköpfen taugen nicht zur Zucht. Ein geschickter "Hundecoiffeur" wird ihnen zwar später bei reichem Bart- und Brauenwuchs noch recht annehm-bare "Ausstellungsköpfe" herzaubern, doch der Kenner läßt sich da nicht täuschen.

Ein mangelhaftes Gebiß ist fehlerhaft, fehle nun dieser oder jener Zahn. Aber wir sind keine Prämolaren-Fanatiker, und wenn ein Hund sonst in allen Teilen vorzüglich ist, so soll ihm der Richter wegen eines fehlenden - übrigens absolut funktionslosen - PM 1 die Qualifikation "vorzüglich" nicht vorenthalten; das gilt vor allem bei Zwergschnauzern. Schärfer beurteilen müssen wir jedoch aus guten Gründen die Gebißstellung und auf ein korrektes Scherengebiß dringen, bei dem die oberen Schneidezähne die unteren ohne Zwischenraum überlappen.

Über das ideale Haar des Schnauzers ist viel geschrieben und viel diskutiert worden. Nach Standardvorschrift soll das Deckhaar "drahtig, hart und dicht" sein. Darunter soll eine dichte, isolierende Unterwolle liegen. Ein solches Haarkleid schützt vor Kälte und vor Hitze in gleicher Weise, Schmutz und Dreck bleiben nie lange darin haften, und einmal naß ist ein solches Haarkleid bald wieder trocken.

Doch hat der Unsinn, dem Schnauzer einen möglichst langen Ziegenbart anzuzüchten, vor allem die amerikanischen Zwergschnauzerzüchter dazu verleitet, weichhaarige Hunde den rauhhaarigen vorzuziehen. Diese Hunde haben dann noch ein weiches Beinhaar, das auf Ausstellungen zu säulenartigen Vorderläufen hochtoupiert wird und den ohnehin schon zu kurzen Mittelfuß dieser Hunde noch künstlich verkürzt. Solche Hunde sind nur wenige Wochen nach dem Abscheren schön (trimmen kann man sie ja kaum), nachher zerfällt die Haarstruktur sehr rasch wieder. Es bildet sich ein

Scheitel auf dem Rücken, und an den Keulen wird das Haar zottelig. Wird ein solcher Hund nicht sorgfältig jeden Tag durchgekämmt, so bilden sich recht bald einmal in seinem Bart Verfilzungen, die für den Hund recht unangenehm sein können. Das Haarkleid erfüllt seinen ursprünglichen Zweck nicht mehr richtig und bringt dem Hundebesitzer zusätzliche Arbeit.

Über die Schnauzerfarben haben wir in einem besonderen Kapitel ausführlich berichtet, auf eine Wiederholung kann verzichtet werden.

Die Größen

Mittelschnauzer:
Widerristhöhe
zwischen 45 und 50 cm
Riesenschnauzer:
Widerristhöhe
zwischen 60 und 70 cm
Zwergschnauzer:
Widerristhöhe
zwischen 30 und 35 cm

Mittelschnauzer mit schöner Farbe. Der leicht gebogene Nacken gibt dem Hund den gewünschten „Adel".   Foto: E. Feuz

51

Kapitel Vier

KAUF EINES JUNGHUNDES

Was beim Kauf eines Junghundes
zu beachten ist

Mit dem Schnauzer zur Ausstellung

Starke und gerade Vorderläufe kennzeichnen den richtig ernährten Junghund.   *G. Schicker*

WAS BEIM KAUF EINES JUNGHUNDES ZU BEACHTEN IST

In den letzten Jahren haben zum Teil zu wenig breit angelegte und zum Teil auch zu wenig seriös durchgeführte Beobachtungen über die Entwicklung der Welpen zur Verbreitung von Theorien geführt, die nicht dem Wohle der Hunde dienen. So wurde und wird immer noch behauptet, das beste Alter, um einen Welpen aus dem Wurfverband zu nehmen, sei zwischen der sechsten und der achten Lebenswoche, denn in diesem Alter würde der Junhund sich am raschesten und am nachhaltigsten mit dem Menschen "sozialisieren". Die Verfechter dieser Theorie lassen außer acht, daß sich der Hund nicht nur mit dem Menschen, sondern auch mit seinen Artgenossen, mit denen er sein Leben lang immer wieder zusammentreffen wird, "sozialisieren" muß, und das geschieht am besten im Verband mit Mutter und Geschwistern. Züchter, denen das Geld nicht früh genug in der Kasse klingeln kann, berufen sich gerne auf diese, angeblich wissenschaftlich untermauerte, Theorie.

Neben dem fehlenden Aufbau einer normalen Beziehung zu anderen Hunden, spricht noch eine andere, wichtige Tatsache gegen eine zu frühe Wegnahme.

Ein Junghund soll mindestens eine Woche - besser sind zwei Wochen - vor dem Besitzerwechsel gegen die wichtigsten Infektionskrankheiten geimpft werden. Nun wissen wir - und diese Theorie ist nun tatsächlich wissenschaftlich abgesichert - daß ein Junghund nicht vor der 8. Lebenswoche nach einer Impfung einen verläßlichen Impfschutz aufbauen kann. Daraus ergibt sich von selbst, daß er frühestens im Alter von zehn Wochen den Besitzer wechseln kann, und

Bart und Augenbrauen sollten bei Welpen nur knapp angedeutet sein. Hunde, die im Alter von 8-10 Wochen schon einen üppigen Bart haben, werden später weichhaarig sein. Foto: R.A. Rothe

Ein Junghund soll neugierig und auf keinen Fall ängstlich sein.

Foto: M. Erni

ungeimpft übernimmt man heute keinen Junghund. Die Impfung muß durch den Impfausweis dokumentiert sein, und zwar durch einen Impfausweis, in dem, neben der durch den Tierarzt unterschriftlich beglaubigten Impfung, auch Name, Wurfdatum und Stammbuchnummer des Hundes sowie die Adresse des Züchters eingetragen sein müssen.

Den Hund kaufen wir direkt beim Züchter und nicht in der Tierhandlung. Der Züchter wird uns eine Anleitung über die Fütterung mitgeben, und es empfiehlt sich, zumindest in den ersten Wochen, den Junghund noch gleich zu füttern, wie er es bisher gewohnt war. Hat er sich einmal richtig eingewöhnt, so können wir allmählich auf anderes Futter umstellen, sofern wir dies als richtig erachten.

Ein drei bis vier Monate alter Jungschnauzer darf ruhig etwas mollig aussehen, vor allem aber soll er kräftige Knochen haben und auf geraden Vorderläufen stehen. Ein dicker Bauch kann jedoch die Folge einer starken Verwurmung sein, etwas, das in einem seriös geführten Zwinger allerdings heute nicht mehr vorkommen soll, denn gegen Darmparasiten stehen wirksame Medikamente zur Verfügung.

Der junge Schnauzer soll zutraulich sein. Junghunde, die sich beim Auftauchen einer fremden Person ängstlich verkriechen, bleiben in der Regel ihr Leben lang Problemhunde. Der Käufer betrachte deshalb kritisch, wie der Züchter mit seinen Hunden umgeht. Bestimmend für das Verhalten des Junghundes ist auch das Beispiel der Mutterhündin.

Junghunde, die im Alter von zehn bis zwölf Wochen schon einen üppigen Bartwuchs haben, werden später ein ziemlich langes und weiches Fell bekommen. Wer einen Hund mit standardgerechtem, relativ pflegeleichtem Fell haben möchte, der wähle einen Welpen, der wohl um die Schnauze reichlich stachelige, aber kurze Haare hat.

Über die Farbe läßt sich beim pfeffersalz-farbigen, und zum Teil auch beim schwarzen Schnauzer bis zum ersten Haarwechsel nichts Endgültiges aussagen. In der Regel hellen die pfeffersalz-farbigen auf, beim schwarzen Junghund kann der rötliche Anflug an den Läufen

Wenn möglich sollte man auch die Eltern sehen.　　　Foto: E. Feuz

Die braune Farbe wird nach dem 2. Haarwechsel weitgehend ver-
schwunden sein. *Foto: E. Feuz*

Die Welpen eines Wurfes sollten möglichst gleichmäßig entwickelt sein.
Doch nicht immer bleibt der Größte später der Größte. Foto: H. Räber

verschwinden, er kann aber auch bleiben. Beim schwarz-silber Zwerg werden die hellen Abzeichen ausgedehnter und deutlich heller.

Über hundert Jahre lang hat man den Schnauzern die Ohren und die Ruten kupiert. Auf eine genetisch verankerte, bestimmte Ohrenform ist nie gezüchtet worden. Heute ist das Ohrenkupieren in den meisten europäischen Ländern verboten, und neuerdings kommt jetzt auch ein Rutenkupierverbot dazu. Alle Schnauzerwelpen haben Hänge-ohren, aber das gibt uns keine

*Junghunde sind tatendur-
stig, nichts ist vor ihnen
sicher.*

Foto: E. Feuz

Garantie, daß die Ohren so bleiben werden. Wir haben deshalb mit allen möglichen Ohrenformen zu rechnen. Der Riesenschnauzer mit seinen ziemlich langen und schweren Ohren wird diese immer hängend tragen. Beim Mittelschnauzer können sie, was angestrebt wird, nach vorne kippen, er kann sie aber auch leicht abstehend seitwärts tragen. Beim Zwergschnauzer treten relativ viele Hunde auf, die im Alter von acht bis zehn Monaten die Ohren aufrichten. Problematisch wird es dann, wenn der Hund ein Ohr aufrichtet, das ande-

Die endgültige Farbe läßt sich bei Welpen noch nicht mit Bestimmtheit voraussagen.

Foto: E. Feuz

re aber hängen läßt. Was uns das Rutenkupierverbot in den nächsten Jahren an verschiedenen Rutenformen bescheren wird, bleibt abzuwarten. Es wird Hunde mit Ringelruten, mit Säbelruten und mit hängend getragenen Ruten geben.

Über die endgültige Ohren- und Rutenform kann ein Züchter heute noch keine gültigen Versprechungen abgeben. Das wird sich in den nächsten Jahren ändern. Merkmale wie Ohren- und Rutenform lassen sich bei der raschen Generationenfolge bei Hunden in relativ kurzer Zeit genetisch fixieren.

Der Käufer beachte aber eines: Ein Jungschnauzer ist ein lebhafter, tatendurstiger Hund. Er lernt schnell - auch Unarten! Wer die Zeit nicht aufbringt, sich in den ersten Wochen intensiv mit ihm zu beschäftigen, der schaffe sich besser aus dem Warenhaus einen Plüschhund an.

MIT DEM SCHNAUZER ZUR AUSSTELLUNG

Hundeausstellungen sind heute Schönheitskonkurrenzen und nicht mehr unbedingt Zuchtschauen. Das Haarkleid (Struktur und Farbe) spielt bei der Beurteilung des Schnauzers auf einer solchen Schönheitskonkurrenz eine wesentliche Rolle.

Am frisch getrimmten oder geschorenen Hund läßt sich weder Struktur noch Farbe des Deckhaares einwandfrei feststellen. Man kann vom Richter ja nicht verlangen, daß er wissen soll, wie der Hund vor dem Trimmen ausgesehen hat, und wie er in sechs oder acht Wochen wieder aussehen wird. Nur derjenige Hund kann in dieser Beziehung richtig beurteilt werden, der mit einer gut geschlossenen Haardecke antritt. Nun kann leider keine allgemein gültige Regel aufgestellt werden, wie lange vor der Ausstellung ein Schnauzer getrimmt werden muß, damit er dann gerade im gewünschten Zeitpunkt in seiner schönsten Fellblüte steht. In der Regel genügen 8 bis 10 Wochen zum Heranwachsen eines neuen Haarkleides.

Dabei kann es eine nicht unwesentliche Rolle spielen, ob eine Hündin in dieser Zeit in die Hitze kommt oder ob sie einen Wurf abgesäugt hat. Jedenfalls ist es besser, dem Hund drei Monate als nur drei Wochen Zeit zu lassen. In drei Monaten wird das Haar kaum zu lang werden, aber in drei Wochen wächst bestimmt kein neues Fell nach.

Grundsätzlich sollten die lang- und weichhaarigen Hunde aus der Zucht verschwinden, auch wenn sie noch so schöne Bärte haben. Sie sind nur relativ kurze Zeit im Jahr wirklich schöne Hunde. In der übrigen Zeit wirken sie wegen ihres üppigen Pelzes plump und unförmig, und sie tragen nach jedem Spaziergang reichlich Schmutz in die Wohnung.

Achtung vor Zimmerpflanzen, manche sind giftig.   *Foto: E. Feuz*

61

Kapitel Fünf

FÜTTERUNG UND PFLEGE

Hundliche Eßmanieren

Der Futterbedarf

Wieviel füttern wir ?

Wie oft füttern wir ?

Ist mein Schnauzer zu dick oder zu mager ?

Wasser

Haarpflege

Erwachsene Schnauzer sind recht bescheiden in ihren Futter-
ansprüchen. Ein Zwergschnauzer hat einen Energiebedarf von ca. 2700
kJoule, ein Mittelschnauzer benötigt, je nach Körpergewicht und kör-
perlicher Leistung zwischen 4200 bis 4700 kJoule und ein Riesen-
schnauzer mit rund 40 kg Körpergewicht hat einen Tagesbedarf von
rund 8800 kJoule (kJoule = Energiebedarf pro Kilo Körpergewicht).
Foto: EFFEM - Forschung für Kleintiernahrung.

HUNDLICHE ESSMANIEREN

Gebiß und Verdauungstrakt des Hundes charakterisieren ihn zwar als Fleischfresser, aber keineswegs als einen spezialisierten Fleischfresser wie etwa die Katzenartigen, deren Gebiß weiter spezialisiert und deren Darm kürzer ist als der des Hundes.

Seine Freßgewohnheiten sind die eines im Meuteverband jagenden Raubtieres geblieben. War eine Beute erlegt, so mußte jeder schauen, wie er zu seinem Anteil kam, genüßliches Kauen, wie es bei Katzen üblich ist, war da nicht angebracht. Jeder schlug sich so rasch wie möglich den Bauch voll, und wer ihm zu nahe kam, der wurde unmißverständlich bedroht.

So hält's der Hund auch heute noch. Er schluckt große Fleischbrocken unzerkaut hinunter, er leert seine Futterschüssel rasch, und er kann - und das wird vielen Hunden zum Verhängnis - weit mehr Futter zu sich nehmen als er eigentlich braucht. Das Verhalten des sozial jagenden Raubtieres ist geblieben, aber die Umwelt hat sich geändert, somit muß der Mensch, wenn nötig, korrigierend einwirken.

DER FUTTERBEDARF

Wildlebende Caniden fressen das erlegte Tier buchstäblich mit Haut und Haaren auf, außer den großen Röhrenknochen bleibt nichts übrig. Gefressen wird vor allem auch der Magen- und der Darminhalt. Daraus bezieht der Fleischfresser wertvolle Mineralstoffe und Vitamine, ebenso auch die für die Verdauung notwendigen Ballaststoffe. Auch heute noch stellt der Hund die gleichen Anforderungen an seine Nahrung, obschon er durchaus imstande ist, bei rein pflanzlicher Kost längere Zeit zu überleben, nicht aber gesund zu bleiben. Er braucht für die vitalen Funktionen seines Körpers (Atmung, Kreislauf, Aufrechterhaltung der Körpertemperatur, Verdauung, Ausscheidung) eine regelmäßige Zufuhr von Energie. Ihr Wert wird heute in Joule (früher in Kalorien) gemessen. Energiespendende Nahrungsstoffe sind Fette, Kohlenhydrate und auch Eiweiß, dem freilich eine Doppelfunktion als Energieträger und als Aufbaustoff zukommt.

Die Energieträger werden im Körper unter Zufuhr von Sauerstoff verbrannt. Überschüsse, die nicht verbrannt werden, speichert der Körper in Form von Fettreserven. Ist der Hund zu fett, so müssen in erster Linie die Energieträger, also Fette und Kohlenhydrate, in seinem Futter reduziert werden.

Ideal ist, wenn Energiezufuhr und Verbrauch im Gleichgewicht stehen, der Hund weder Körpersubstanz verliert noch Fett ansetzt.

Zur Erhaltung und zum Aufbau der Körpersubstanz braucht der Hund Nährstoffe. Wichtigste Bauelemente des Körpers sind die Eiweisse (Proteine). Der Körper des Hundes besteht, bezogen auf die fettfreie Substanz, zu 20% bis 22% aus Protein. Eiweißträger sind Fleisch, Milchprodukte, Eier und zum Teil auch Pflanzen.

Die Verdaulichkeit der verfütterten Eiweißfuttermittel ist sehr unterschiedlich. Frischfleisch und Milchprodukte werden bis zu 95% verdaut; die Verdaulichkeit der Eier liegt bei 50-70%; am schlechtesten verdaut werden pflanzliche Eiweisse. Je stärker ein Eiweiß dem zu bildenden oder zu ersetzenden Körpereiweiß gleicht, desto größer ist sein Wert für den Hund.

Die langen, weichen Haare an den Läufen mögen zwar Knochenstärke vortäuschen, aber ein so frisierter Zwergschnauzer bringt nach jedem Spaziergang eine Menge Schmutz in die Wohnung.   Foto: H. Lange

Grundsätzlich gilt: Der Hund lebt nicht von dem, was er frißt, sondern von dem, was er verdaut. Daraus folgt, daß für den wachsenden jungen Hund Frischfleisch die beste Eiweißquelle bildet.

WIEVIEL FÜTTERN WIR?

Eine allgemeine Regel kann nicht aufgestellt werden. Wie bei uns Menschen, so gibt es auch bei den Hunden gute und schlechte Futterverwerter. Zudem kommt es sehr darauf an, ob ein Hund vorwiegend im Freien oder in der Wohnung lebt und wieviel Bewegung er täglich hat. Auch das Alter spielt eine nicht unwesentliche Rolle.

Entsprechend dem raschen Wachstum ist beim Junghund der Nährstoffbedarf größer als beim

65

alten Hund. Als Faustregel kann gelten: 2/3 der Tagesration besteht aus tierischem Eiweiß (Fleisch, Innereien, Fisch) und 1/3 aus Getreide (Flockenmischung). Dazu kommen die notwendigen Mineralien, Vitamine und Spurenelemente. Die meisten im Handel erhältlichen "Fertigfutter" enthalten den notwendigen Bedarf an Mineralien und Vitaminen, so daß besondere Zusätze nicht nötig sind.

Der Rohfaseranteil im Hundefutter sollte nicht mehr als 10% betragen. Gemüse und Kartoffeln sind deshalb kein vollwertiges Hundefutter, sie geben dem Hund jedoch Ballaststoffe, die er ebenfalls für eine geregelte Verdauung braucht.

Der erwachsene Hund braucht weniger Nährstoffe. Für ihn kann der Fleischanteil auf 1/3 der Futtermenge herabgesetzt, der Anteil des Getreides auf 2/3 heraufgesetzt werden.

Fleisch kann roh oder gekocht verfüttert werden. Rohes Fleisch darf ruhig bereits etwas "riechen", dem Hund, der ja von Natur aus auch ein Aasfresser ist, schadet das kaum. Dagegen darf gekochtes Fleisch nicht verdorben sein. Verwesendes gekochtes Fleisch kann Giftstoffe enthalten, die dem Hund schaden.

Lunge ist minderwertig, sie kann als Diät bei übergewichtigen Hunden verfüttert werden, sie füllt den Magen und hat wenig Nährwert. Zuviel Leber und Milz verursachen bei vielen Hunden Durchfall. Getrockneter Pansen und getrocknetes Rindfleisch, heute im Handel erhältlich, sind ein guter Frischfleischersatz.

Fett ist ein hochwertiger Energieträger und enthält, roh verfüttert, fettlösliche Vitamine. Aber zuviel Fett macht den Hund fett!

Rohes Gemüse gibt dem Hund Ballaststoffe, wird aber nicht verdaut. Auch gekocht bildet es vor allem Ballast mit geringem Nährwert.

Falsch ist die Meinung, mit rohem Gemüse und Karotten könnten Eingeweidewürmer mit Erfolg bekämpft werden. Heute gibt es viele "Fertigfutter", meist sind sie auf streng wissenschaftlicher Basis zusammengestellt und bilden das Ergebnis langjähriger Forschung auf dem Gebiete der Tierernährung. Wenn wir Fertigfutter füttern, so müssen wir uns genau an die Angaben des Herstellers halten. Dies gilt vor allem bei Trockenfutter.

WIE OFT FÜTTERN WIR?

Bis zum Alter von 6 Monaten füttern wir mit Vorteil dreimal täglich. Wann wir die Hauptmahlzeit geben, hängt vom Hunde ab. Es gibt solche, die des Nachts nicht sauber werden, wenn sie die Hauptmahlzeit vormittags bekommen. Bei solchen Hunden sollten wir den Versuch manchen, die Hauptmahlzeit abends, unmittelbar vor dem Schlafengehen zu geben. Sie bleiben dann nachts meistens ruhig und entleeren sich morgens früh.

Nach sechs Monaten gehen wir auf zwei Mahlzeiten über, und für den erwachsenen Mittel- oder Zwergschnauzer genügt eine Mahlzeit täglich.

Riesenschnauzer gehören zu den großen Rassen, und große Rassen sind für eine Magendrehung disponiert. Eine Verteilung der täglichen Futtermenge auf drei Mahlzeiten kann einer solchen wirksam vorbeugen.

Eine Regel ist immer zubeachten: Läßt ein Hund Futter übrig, so bleibt dies nicht in der Futter-

Der Schnauzer soll mit nicht zu kurzem Haar erscheinen   Foto: E. Feuz

schüssel liegen, sondern wird weggeräumt. Auch ein Hund soll sich an regelmäßige Essenszeiten gewöhnen, und er tut dies in der Regel sehr bald. Es ist erstaunlich, wie genau seine "innere Uhr" in dieser Beziehung funktioniert!

Wir füttern möglichst trocken, so verfilzt der Bart des Schnauzers nicht, und der Hund reibt ihn nicht an Teppichen und Polstermöbeln trocken.

IST MEIN SCHNAUZER ZU DICK ODER ZU MAGER?

Beim gut genährten, frisch getrimmten Schnauzer soll man die Rippen unter der Haut nicht sehen, und die Hüfthöcker dürfen nicht sichtbar hervortreten. Ist dies der Fall, ist der Hund zu mager.

Von oben gesehen muß beim richtig ernährten Schnauzer die

67

Brustpartie breiter sein als die Lendenpartie, und von der Seite gesehen soll die Bauchlinie vom Brustkorb an deutlich aufgezogen sein. Ist die Lendenpartie gleich breit oder gar noch breiter als der Brustkorb und liegt der Bauch auf gleicher Höhe wie das Brustbein, dann ist der Hund zu fett und muß abmagern.

Das gilt für einen erwachsenen Hund. Ein Junghund darf bis zum Alter von 4-5 Monaten ruhig etwas "mollig" sein.

Knochen sind kein Fleischersatz. Viele Hunde vertragen Knochen nicht, dies gilt vor allem für ältere Hunde. Sie erbrechen sie wieder. Zu viele Knochen verursachen hartnäckige Verstopfungen. Jeden Tag ein Kalbsknochen zum Benagen hält die Zähne sauber.

WASSER

Der Körper des Hundes besteht bis zu 70% aus Wasser. Als Faustregel gilt: Pro 1 kg Körpergewicht braucht ein gesunder Hund zwischen 60 bis 75 ml Wasser. Ältere Hunde, deren Nieren nicht mehr hundertprozentig funktionieren, benötigen etwas mehr Wasser, entsprechend öfters müssen sie dann auch "Gassigehen".

Diese Wassermenge kann nur für kurze Dauer unterschritten werden.

HAARPFLEGE

Ein Schnauzer präsentiert sich nur bei entsprechender Haarpflege in seiner vollen Schönheit. Regel-

Im natürlichen, nicht getrimmten Haarkleid sieht ein Zwergschnauzer mit dem vom Standard geforderten harschen Haar so aus.

Foto: A. Wintzell

Bei weichem Haar verzichten wir auf das Trimmen und nehmen die Tondeuse zu Hilfe. *Foto: W. Pignat*

mäßiges Trimmen oder Scheren ist deshalb nicht zu umgehen. Wie oft dies geschehen soll, hängt von der Haarstruktur ab. Es gibt Schnauzer, die ein relativ kurzes und gut am Körper anliegendes Haar und trotzdem einen markanten Bart- und Brauenwuchs haben; sie erfordern wenig Haarpflege. Andere jedoch haben ein langes und eher weiches Körperhaar. Es verwischt die Körperumrisse des Hundes, trocknet bei nassem Wetter schlecht und bleibt beim Haarwechsel in Teppichen und Polstermöbeln hängen.

Ein Hund mit gutem Rauhhaar kann getrimmt werden, der weichhaarige Hund jedoch ist schwierig korrekt zu trimmen. Hier hilft in der Regel die Tondeuse, mit der wir das Haar auf eine Länge von ca. 7 mm abscheren. Hier eine Trimmanleitung zu geben, würde

Seiten füllen, zudem wäre sie dem Anfänger wenig hilfreich. Wer seinen Hund selber trimmen oder scheren will, besucht einen durch die Rasseklubs durchgeführten Trimmkurs. Wer sich diese Arbeit nicht selber zutraut, der läßt seinen Hund jährlich zwei- bis dreimal in einem "Hundesalon" in "Topform" bringen. Hier werden ihm auf Wunsch auch die Krallen geschnitten und die Zähne von Zahnstein gereinigt.

Detaillierte Trimm- und Pflegeanweisungen findet der Schnauzerfreund in "Kynos Trimm- und Pflegefibel".

Pflicht des Schnauzerbesitzers ist jedoch, seinem Hund täglich einmal den Bart durchzukämmen, ansonst verfilzt dieser bald einmal, was erstens unschön und zweitens dem Hund höchst unangenehm ist.

Kapitel Sechs

ERZIEHUNG

Kurze Hinweise zur Erziehung

*Schon im Alter von vier Monaten zeigt der Riesenschnauzer seine Eig-
nung zum vielseitigen Gebrauchshund.* Foto: G. Schicker

KURZE HINWEISE ZUR ERZIEHUNG

Schnauzer sind recht selbständige und oft auch recht eigenwillige Hunde mit harten Köpfen; aber sie sind sehr gelehrig, sehr spielfreudig, und sie haben ein vorzügliches Gedächtnis. Sie lernen sehr rasch, was ihnen zum Nutzen und was ihnen zum Schaden gereicht. Das muß man bei der Erziehung des jungen Hundes ausnützen.

Grundprinzip jeglicher Hundeerziehung ist: Es gibt nichts Erwünschtes (Leckerbissen, Spaziergang etc.) bevor man etwas leistet. Immer und immer wieder wiederholen wir kleine, spielerische Unterordnungsübungen, wie sitz, platz, Pfoten geben, gib Laut, hol die Leine, spring über den Stock; einerlei was es ist, wichtig ist, der Hund muß sich unserem Willen unterordnen.

Das ganze Geheimnis der Hundeerziehung lautet somit: Erwünschtes Verhalten wird belohnt, unerwünschtes wird bestraft. Aber

Mittel- und Zwergschnauzer machen mit Freude beim Agility mit.
Foto: E. Schön

Mittelschnauzer bei der Ausbildung zum Rettungshund.

Foto: E. Schön

Riesenschnauzer als Sanitätshund.   *Foto: A. Budde*

konsequent muß man sein. Nie wird der Hund begreifen, daß er mittags etwas tun darf, was am Morgen noch verboten war. Und er wird nie den Sinn einer Strafe einsehen, die nicht unmittelbar auf die Tat erfolgt.

Ein schlechtes Gewissen hat der Hund nicht, er hat nur Angst vor unserer unheildrohenden Miene!

Laufe nie dem Hund nach, wenn er nicht herkommen will, er wird das als ein herrliches Spiel auffassen und mit dir stundenlang "Fangmich" spielen, wenn du die nötige Ausdauer hast!

Auf Ruf herkommen lernt er am schnellsten, wenn er anfänglich immer einen kleinen Leckerbissen erhält. Später ersetzen wir den Leckerbissen durch ausgiebiges Loben.

Im Hause muß der Hund von allem Anfang an seinen festen Platz haben, auf dem er nicht gestört wird.

Junghunde müssen auch, wie kleine Kinder, tagsüber einige Stunden schlafen können. Alte Hunde lieben ohnehin die Ruhe und schlafen viel. Das ist aber kein Alibi für den Besitzer, auf den täglichen Spaziergang zu verzichten.

Ein Junghund ist unbedingt frühzeitig daran zu gewöhnen, jeden Tag einige Stunden allein zu sein. Üben wir das nicht konsequent, so erhalten wir bald einmal einen Hund, der nie allein sein will und - zur "Freude" der Mitbewohner des Hauses und der Nachbarn - laut und vernehmlich heult, wenn er auch nur für kurze Zeit allein im Hause bleiben soll.

Wenn der Welpe direkt aus dem Zwinger kommt, wird er kaum stubenrein sein. Wir bringen ihn deshalb anfänglich etwa alle zwei

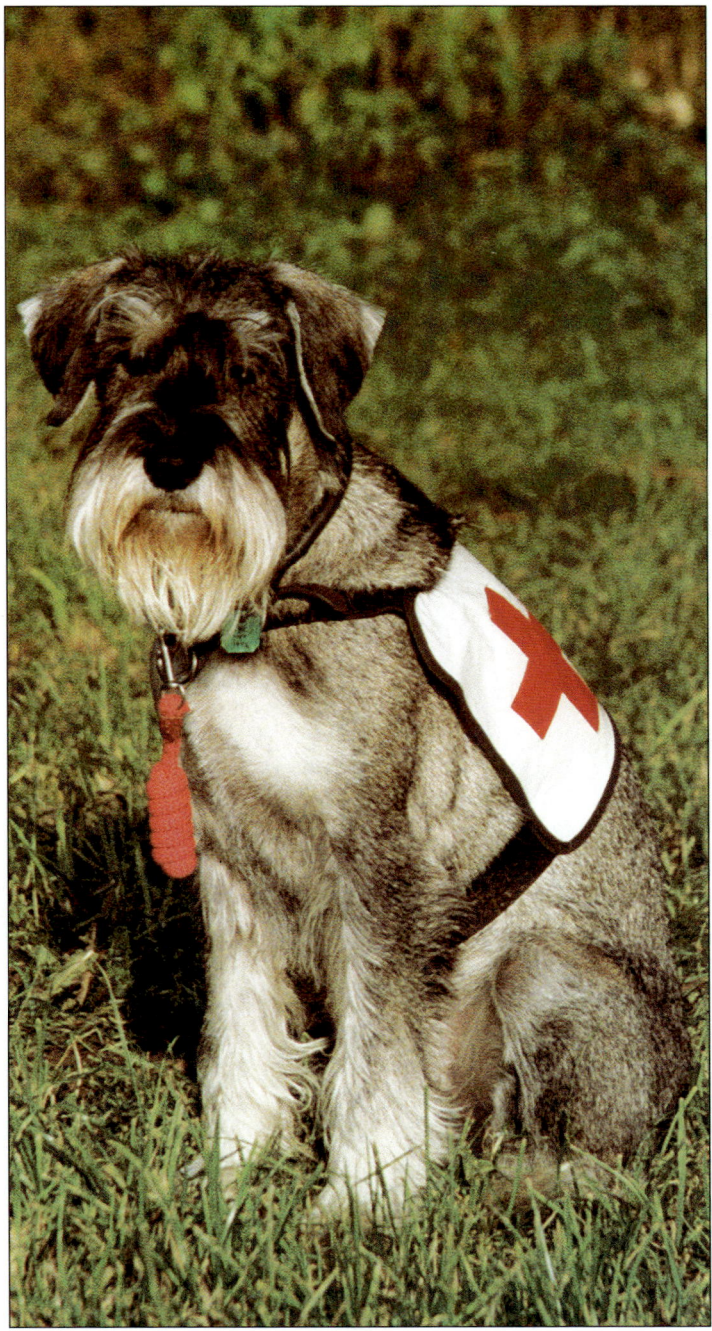

Auch Mittel- und Zwergschnauzer lassen sich mühelos zu arbeitsfreudigen Sanitätshunden ausbilden. **Foto: Y. Müller**

Stunden kurz ins Freie, möglichst immer an den gleichen Ort. Macht er seine Sache, so loben wir ihn, macht er nichts, so warten wir nicht stundenlang, sondern nehmen ihn wieder ins Haus. Passiert nun hier etwas, so wird er unter einem scharfen "Pfui" am Kragen genommen und, trotz verrichteter Dinge, nochmals ins Freie gebracht.

Ein Klaps mit einer gerollten Zeitung, wie oft empfohlen wird, ist für einen "harten" Hund, wie es

Die Welpen sollten nicht vor der 10. Lebenswoche aus dem Familienverband genommen werden. Sie müssen ein normales Verhalten zu anderen Hunden aufbauen können und das geschieht am besten im Zusammenleben mit Mutter und Geschwistern.

Foto: B. Zimmermann

Schnauzer vielfach sind, weit eher eine Aufforderung zum Spiel als eine Strafe; am Nackenfell schütteln jedoch, das kennt er, das gehört zum hundlichen "Komment", und das hat er bereits bei der Mutter gelernt. Der Schnauzer gehört ins Haus und nicht auf den Balkon oder in den Garten. Sich hier allein überlassen wird er aus lauter Langeweile zum unangenehmen Kläffer, der jeden Sperling und jede Amsel anbellt.

In jeder größeren Ortschaft gibt

es Vereine, die sich mit der Erziehung der Hunde befassen. Es empfiehlt sich, hier mitzumanchen, der Hund lernt dann, auch unter Ablenkung zu gehorchen.

Und wer Lust bekommt mit seinem Schnauzer nach den Richtlinien einer Prüfungsordnung zu arbeiten, soll dies tun. Alle drei Schnauzergrößen eignen sich dazu. Ich kenne Zwergschnauzer, die auf Siegerprüfungen für Sanitätshunde vor den Deutschen Schäferhunden und Labradors an erster Stelle standen. Der Riesenschnauzer ist ohnehin zum Gebrauchshund geradezu prädestiniert. Wem eine Ausbildung seines Hundes nach einer Prüfungsordnung der kynologischen Verbände nicht zusagt, der wird die Möglichkeit finden, mit seinem Hund ein Agility-Programm durchzuarbeiten. Vor allem die Mittel- und Zwergschnauzer machen da mit Begeisterung mit.

Für Hund und Mensch gilt gleicherweise: Wer rastet, der rostet!

Zur Erziehung gehört auch das friedliche Zusammenleben mit anderen Haustieren. Foto: A. Teufer-Egli

Wichtig ist das frühzeitige Gewöhnen ans Autofahren.

Foto: R. Zbinden

Kapitel Sieben

GESUNDHEIT ZUCHT ALTER

Erbkrankheiten

Impfen

Parasiten

Krallenschneiden

Ohrenpflege

Vorhautkatarrh des Rüden

Zahnpflege

Ist der Hund krank ?

Soll ich mit meiner Hündin züchten ?

Unser Schnauzer wird alt

Rotes Haar in Bart und Brauen ist zwar unschön, viel läßt sich dagegen nicht tun.   *Foto: W. Pignat*

ERBKRANKHEITEN

Schnauzer weichen anatomisch - abgesehen vom veränderten Haar - kaum vom ursprünglichen Bauplan der Caniden ab. Sie haben keine übertriebenen Rassemerkmale, die Ursache zu gesundheitlichen Störungen werden können.

Alle großen Hunderassen sind anfällig für Hüftgelenksdysplasie, darunter verstehen wir eine Deformation der Hüftgelenke, die früher oder später zu einer Arthrose deforman führt. Riesenschnauzer sind davon nicht ausgenommen, allerdings ist bei ihnen der Prozentsatz der erkrankten Hunde relativ klein. Das Übel wird heute mit zuchthygienischen Maßnahmen bekämpft, indem nur mit Hunden ohne oder mit nur geringgradiger HD gezüchtet werden darf. Ein Grund mehr, einen Hund nur beim Züchter mit einem anerkannten Zwingernamen zu kaufen!

Beim Mittelschnauzer und beim Zwergschnauzer ist eine HD sehr selten und wenn vorhanden, dann bleiben die Hunde dank ihres relativ geringen Gewichts auch bei einer mittelgradigen HD noch bis ins hohe Alter beweglich.

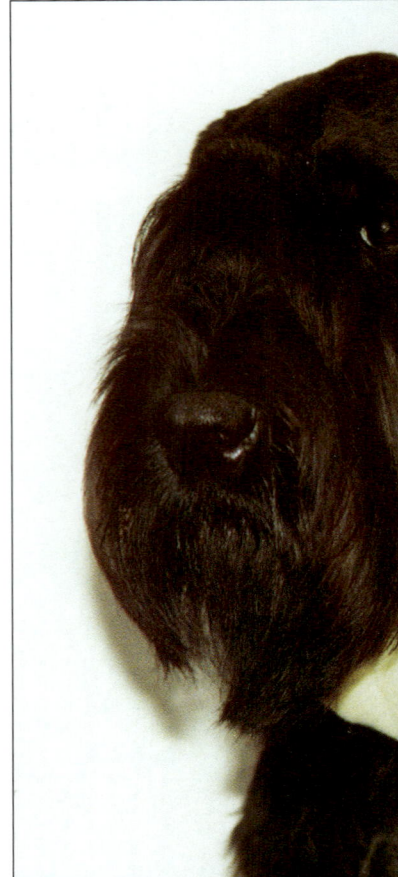

Alt und jung. Riesenschnauer-Hündin mit drei Wochen altem Welpen.

Foto: G. Schicker

Wie bei allen Zwerghunden gibt es auch beim Zwergschnauzer ab und zu - zwar recht selten - Hunde mit einer Kniescheibenluxation (Patellaluxation). Sie kann, wenn der Hund beim Gehen behindert ist, mindestens teilweise operativ korrigiert werden.

Daß Riesenschnauzer wegen ihrer Größe bisweilen zu Magendrehungen neigen, habe ich bereits gesagt.

In neuerer Zeit erkranken Mittelschnauzer, vor allem die schwarzen, an Plattenepithelkarzinomen an den Pfoten. Die Ursache ist unbekannt, eine erbliche Prädis-

position ist jedoch nicht auszuschließen. Rechtzeitig operiert muß es nicht zu Metastasen kommen, und der Hund kann auch mit einer oder zwei fehlenden Zehen noch jahrelang beschwerdefrei leben.

Impfen

Die Meinung, Infektionskrankheiten wie Staupe, Hepatitis, Leptospirose und Parvovirose ließen sich mit "natürlichen " oder homöopathischen Mitteln verhindern, trifft leider nicht zu. Gegen

sie hilft nur eine rechtzeitige Impfung, und gegen Tollwut muß der Hund ohnehin in einigen Ländern von Gesetzes wegen geimpft werden.

Veterinärmediziner geben, mit einigen Abweichungen, folgenden Impfplan an:

Parvovirose: 8. Lebenswoche, bei akuter Bedrohung auch schon in der 6. Lebenswoche mit Wiederholungen im 4. oder 5. Lebensmonat.

Staupe, Hepatitis, Leptospirose (SHL): 9.-10. Lebenswoche.

Tollwut: Ab 6. Lebensmonat.

Wiederholungen bei Junghunden:
Parvovirose: 10.-12. Lebenswoche
SHL: 14. Lebenswoche

Wiederholungen beim erwachsenen Hund:
Parvovirose: 1-2 Jahre
SHL: 1-2 Jahre
Tollwut: 1-2 Jahre

Es empfiehlt sich, auch ältere und ganz alte Hunde regelmäßig alle 2 Jahre nachzuimpfen, weil bei ihnen die Widerstandskraft gegen Infektionskrankheiten nachläßt.

PARASITEN

Fast alle Welpen werden einmal von Spulwürmern befallen. Der Befall kann mitunter recht massiv sein und schädigt die heranwachsenden Welpen. Eine rechtzeitige (ab der 2. Lebenswoche) und mehrmalige Entwurmung durch den Züchter ist deshalb unbedingt erforderlich. Gegen Spulwürmer gibt es heute gute Mittel, die den Junghund nicht schädigen können. Erwachsene Hunde haben in der Regel keine Spulwürmer im Darm, wohl aber oft in ihrem Körpergewebe ruhende Spulwurmlarven,

denen man medikamentös nicht mit Erfolg beikommt, die aber dem Hund auch nicht schaden können.

Erwachsene Hunde können aber von anderen Darmparasiten befallen sein, z.B. vom Hundebandwurm. Zwischenwirt dieses Schmarotzers ist der Hundefloh; die Prophylaxe besteht also vorerst einmal in der Bekämpfung der Flöhe.

Lästige Parasiten sind auch die Hakenwürmer, die bereits bei Welpen auftreten können. Hakenwürmer sind gegen Piperazinpräparate, die man zur Bekämpfung der Spulwürmer einsetzt, resistent, ihre Bekämpfung sollte nur unter tierärztlicher Kontrolle geschehen.

Besteht ein Verdacht auf Wurmbefall, so kann eine Kotuntersuchung durch das parasitologische Institut einer Universität Aufschluß über die Art der Parasiten geben, die dann gezielt bekämpft werden können. Vor unkontrollierten Wurmkuren ist zu warnen!

Gegen Läuse und Flöhe gibt es heute gute Insektizide, die dem Hund weiter nicht schaden. Es ist aber daran zu denken, daß sich die Flohbrut nicht auf dem Hund, sondern in der Umgebung seiner Liegestätte befindet, z.B. unter der Matratze. Wird die Brut hier nicht wirksam bekämpft, so hat der Hund immer wieder Flöhe. Auch Katzenflöhe übersiedeln auf den Hund, Hundeflöhe in der Regel aber nicht auf den Menschen.

Lästige Parasiten sind vom Frühjahr bis in den Spätherbst hinein die Zecken. Am besten entfernt man sie mit einer im Fachhandel erhältlichen Zeckenzange. Nach jedem Spaziergang entlang von Waldrändern ist der Hund gut durchzubürsten und zu kämmen, damit noch nicht eingebohrte Zecken entfernt werden. Zeckenhalsbänder bieten meist keinen zuverlässigen Schutz.

Milben sind mit dem bloßen Auge nicht sichtbar. Kratzt sich der Hund häufig und stellen wir weder Flöhe noch Läuse fest, so besteht der Verdacht auf Milbenbefall. Die Behandlung ist Sache des Tierarztes, es hat keinen Zweck, hier mit Hausmitteln zu pfuschen.

KRALLENSCHNEIDEN

Ein Hund, der täglich einen längeren Spaziergang, z.T. auf harter Straße absolviert, wird seine Krallen normal ablaufen. Auf weichem Boden jedoch ist die Krallenabnützung gering, sie müssen dann von Zeit zu Zeit gekürzt werden. Dies wird besonders dann nötig sein, wenn sich die Daumenkrallen an den Vorderpfoten stark krümmen und gar einwachsen.

Krallen scheiden ist nicht problemlos. Die Krallen sind hart und lassen sich nur mit einer Zange kürzen. Die meisten Hunde schätzen diese Prozedur gar nicht und wehren sich. Statt sich dabei Bisse einzuhandeln, überlassen wir das Krallenschneiden dem erfahrenen Tierpfleger.

OHRENPFLEGE

Schüttelt der Hund häufig den Kopf oder kratzt er sich häufig an den Ohrmuscheln, dann leidet er vermutlich an einer Entzündung des äußeren Gehörgangs (Otitis externa).

Man hüte sich, mit Ohrenstäbchen im Ohr herum zustochern oder dem Hund ein "sicher wirkendes" Mittel aus Großmutters Hausapotheke ins Ohr zu träufeln.

Eine Otitis externa wirksam zu behandeln ist Sache des Tierarztes.

VORHAUTKATARRH DES RÜDEN

Der auch "Hundetripper" genannte Vorhautkatarrh ist an sich keine schlimme Sache, aber viele Rüden lecken sich dauernd. Appetitlosigkeit ist oftmals die Folge eines Vorhautkatarrhs. Die Behandlung mit Antibiotika ist einfach, der Erfolg aber selten von längerer Dauer.

ZAHNPFLEGE

Vor allem Zwergschnauzer leiden schon in jugendlichem Alter häufig an Zahnsteinbildung. Zahnstein führt zu Zahnfleischentzündungen, übelriechendem Mundgeruch und später zu Parodontose und Zahnausfall.

Es gibt heute gute Zahnpflegemittel für Hunde, die Zahnsteinbildung wirksam verhindern. Man putzt dem Hund damit wöchentlich einmal mit einer kleinen Zahnbürste die Zähne. Die meisten lassen sich dies problemlos gefallen, weil diese Zahnpflegemittel offenbar einen Geschmack haben, der dem Hund zusagt.

IST DER HUND KRANK?

Ein Hund, der Gras frißt, ist nicht krank. Er deckt mit dem Gras seinen Vitaminbedarf, oder er ersetzt sich fehlende Ballaststoffe im Futter. Eine trockene Nase ist kein Zeichen von Fieber, schlafende Hunde haben meistens eine trockene Nase.

Kleinere gesundheitliche Störungen gehen bei Hunden meistens rasch vorüber. Ist der Hund aber über zwei Tage unpäßlich oder zeigt er starke Schmerzen, dann sollte er dem Tierarzt vorgeführt werden, dies vor allem dann, wenn der Verdacht besteht, er könnte irgendwo Gift aufgenommen haben.

Es kann nicht Sache dieses Buches sein, auf alle möglichen Krankheiten einzugehen. Man konsultiere lieber einmal zu viel als einmal zu spät den Tierarzt.

Empfehlenswert aus der Reihe Kynos Ratgeber ist das Buch von Tim Hawcroft: Erste Hilfe für Hunde.

SOLL ICH MIT MEINER HÜNDIN ZÜCHTEN?

Hier eine ausführliche Zuchtanleitung zu geben, würde den Rahmen dieses Büchleins sprengen. Es gibt eine große Auswahl guter (und weniger guter!) Bücher, die der angehende Züchter vor Beginn eines Zuchtvorhabens gründlich studieren sollte.

Der Verlag empfiehlt "Technik der Hundezucht" von Dr. Dieter Fleig und "Genetik der Hundezucht" von Dr. Malcolm Willis.

Zwei Grundsätze sollen wegleitend sein: Hunde züchten heißt nicht, Hunde vermehren, sondern eine Rasse stets verbessern. Und zweitens: Hunde züchten heißt in Generationen denken!

Zudem muß mit der Meinung aufgeräumt werden, eine Hündin müsse einmal in ihrem Leben Mutter werden, das sei Voraussetzung für ein langes und gesundes Leben. Die Statistiken der Tierspi-

Der Stolz des Züchters: Gesunde Junghunde.   Foto: E. Feuz

täler wissen es anders: Es kommen gleichviel Zuchthündinnen mit Milchdrüsen- und Gebärmuttertumoren zur Behandlung, wie solche, die nie geboren haben.

Welpen gebären ist keine gesundheitliche Prophylaxe. Ich meine sogar, es sei besser, eine Hündin, mit der man nicht züchten will, im Alter von rund 2 Jahren (nach der 2. Hitze) kastrieren zu lassen. Eine zu frühe Kastration lehne ich ab, auch wenn sie heute von Tierärzten empfohlen wird. Nach meiner persönlichen Erfahrung bleiben zu früh kastrierte Hündinnen oft ihr Leben lang infantil.

Die Meinung, eine kastrierte Hündin werde zwangsläufig fett, ist falsch, fett wird ein Hund nur vom zuviel Fressen!

Der angehende Züchter stelle sich vorerst folgende Fragen:

● Habe ich genügend Zeit, um mich um die Junghunde zu kümmern? Es ist nicht damit getan, ihnen Futter hinzustellen und den Zwinger zu reinigen. Man muß sich täglich intensiv mit den Welpen abgeben.

● Verfüge ich über die nötigen Räumlichkeiten? Auch Zwergschnauzer sollen einen genügend großen Auslauf im Freien haben.

● Was sagen die Nachbarn, wenn die Junghunde frühmorgens Lärm machen?

● Finde ich rechtzeitig gute Plätze für die Junghunde?

Wenn die Fragen positiv beantwortet werden:

● Ein gutes Buch über Hun-

Eine vielseitig gestaltete Umwelt ist für die Entwicklung des Junghundes wichtig. Foto: A. Pauli

Gemeinsames Spiel fördert die körperliche und die psychische Gesundheit. Foto: A. Pauli

Gut genährte Welpen sind rund und mollig.

Foto: B. Zimmermann

Junge Schnauzer, ob Riese, Mittel oder Zwerg, müssen sich jeden Tag ausgiebig im Freien bewegen können. *Foto: H. Lange*

dezucht kaufen und aufmerksam lesen.

● Die Zuchtbestimmungen des Rasseklubs anfordern. "Stammbaumlose" Hunde zu züchten, lohnt sich nicht.

● Erfahrene Züchter oder den/die Zuchtwart/in des Rasseklubs wegen des passenden Zuchtrüden kontaktieren.

● Einen Zwingernamen beim Landesverband oder in Deutschland beim zuständigen Rasseklub schützen lassen.

Sind alle diese Bedingungen erfüllt, dann kann die Zucht von Schnauzern ein zwar aufreibendes, aber mit viel Freude verbundenes Hobby sein.

UNSER SCHNAUZER WIRD ALT

Schnauzer jeder Größe werden in der Regel alt, Zwerge meistens älter als die Riesen.

Die älteste Hündin aus unserer Zucht wurde bei bester Gesundheit 18 Jahre alt, doch sie ist eher eine Ausnahme. Immerhin dürfen wir bei einem gesunden (nicht verfetteten!) Schnauzer mit einem Alter von 14-15 Jahren rechnen. Der alte Hund stellt andere Ansprüche an seine Lebensqualität als der junge Hund. Er liebt die Ruhe und schläft mehr als ein junger. Doch es wäre völlig falsch, ihn den ganzen Tag faul herum liegen zu lassen, auch er soll jeden Tag ausgiebig bewegt werden, wobei wir freilich die Länge und die Dauer des Spaziergangs seiner Leistungsfähigkeit anpassen.

Bei alten Hunden nimmt die Nierenfunktion ab, doch trotz geschädigter Nieren werden bei einem sonst gesunden Hund noch genügend Schlackenstoffe im Harn

ausgeschieden, die herabgesetzte Nierenfunktion wird dadurch kompensiert, daß vermehrt dünner Harn ausgeschieden wird. Der alte Hund muß deshalb mehr trinken.

Hat der alte Hund einen üblen Mundgeruch, dann ist es höchste Zeit, den Zahnstein entfernen zu lassen und ihm nachher mindestens wöchentlich einmal die Zähne mit einer Zahnbürste und einer Zahncreme für Hunde (durch den Tierarzt zu beziehen) zu reinigen. Eventuell müssen schadhafte Zähne gezogen werden.

Der alte Hund braucht weniger Kalorien als der junge Hund. Er verdaut Fett ohnehin schlechter als früher, deshalb sollte seine Nahrung fettarm sein. Das Futter verteilen wir auf zwei oder drei Mahlzeiten pro Tag. Das belastet ihn weniger und beugt beim Riesenschnauzer einer gefährlichen Magendrehung vor.

Um einer Demineralisierung des Skeletts vorzubeugen, erhält er jetzt, wie in jungen Jahren, ein Calcium-Phosphor-Präparat.

Alte Rüden leiden oft unter verstopften Analdrüsen. Wenn sich Pusteln um den After bilden oder wenn der Hund auf dem Teppich "Schlitten fährt", dann muß der Tierarzt die Analdrüsen ausdrücken, vielleicht sogar operativ entfernen.

Viele ältere Hündinnen bilden Milchdrüsentumore. Sie sind nicht immer bösartig, sollten aber in jedem Fall frühzeitig entfernt werden. Relativ häufig treten bei älteren Hündinnen nach der Läufigkeit Gebärmutterentzündungen auf. Eine nicht behandelte Pyometra kann tödliche Folgen haben. Schon deshalb empfehle ich die Kastration der Hündinnen, mit denen man nicht züchten will.

Ist eine ältere, an einer Pyometra erkrankte Hündin sonst noch ge-

Ingo v. Ahorntal im Alter von 15 jahren. Rund 13 Jahre lang hat er mich begleitet, mir viel Freude bereitet und wohl ebenso oft mit seiner Eigenwilligkeit geärgert.

sund, ist vor allem ihr Herz noch in Ordnung, dann lohnt sich die operative Entfernung der Gebärmutter und der Eierstöcke auf jeden Fall. Man kann ihr Leben um Jahre verlängern.

Doch eines Tages kann auch der Arzt nicht mehr helfen. Einem alten kranken Hund das Leben künstlich zu verlängern, ist nicht Tierliebe. Besteht keine Aussicht auf Heilung, dann ist es unsere Pflicht, mit unserem treuen Gefährten den letzten schweren Gang zum Tierarzt anzutreten, davor dürfen wir uns nicht drücken. Wir bleiben beim Hund, wenn er die tödliche Spritze erhält. Das schulden wir ihm.

Der Abschied von einem guten Hund kann so schmerzlich sein wie der Abschied von einem guten Menschen, doch "Le roi est mort, vive le roi!" Am besten hilft uns der baldige Erwerb eines jungen Schnauzers über den Verlust hinweg. Doch unterdessen sind auch wir um einiges älter geworden. Man überlege sich deshalb gut: Ein Riesenschnauzer ist ein kräftiger Hund, auch ein Mittelschnauzer ist ein kräftiger und temperamentvoller Hund. Beide fordern uns bei ihrer Erziehung einiges an Kraft und Geduld ab.

Zwergschnauzer sind in dieser Hinsicht viel "pflegeleichter". Für Menschen über 70 Jahre empfehle ich in solchen Fällen den Erwerb eines Zwergschnauzers, denn man bedenke: Der Hund wird vielleicht 15 Jahre alt, und dann haben auch wir das "Biblische Alter" längst überschritten.

Es gibt bei jeder Rasse langlebige und kurzlebige Familien. Der Schnauzer-Rüde „Igo" zeugte noch mit 14 Jahren lebenskräftige Welpen und alle seine Nachkommen erreichten ein Alter zwischen 14 und 18 Jahren. Foto Dr. H. Räber

91

WICHTIGE ADRESSEN

Kynologische Landesverbände im deutschsprachigen Raum

Deutschland: Verband für das Deutsche Hundewesen
Westfalendamm 174, Postfach 10 41 54
D-44041 Dortmund

Österreich: Österreichischer Kynologenverband
Johann Teufel - Gasse 8
A-1238 Wien

Schweiz: Schweizerische Kynologische Gesellschaft
Länggass-Straße 8, Postfach 8217
CH-3001 Bern

Pinscher-Schnauzer-Klub e.V.
Geschäftsstelle
Barmer Straße 80
42899 Remscheid
Tel. 02191/54042

Erster Österr. Schnauzer-Pinscher Klub 1914
Geschäftsstelle: Christine Wiedorn
Laubegasse 3
A - 3003 Gablitz
Tel./Fax 02331/61929

Schweizerischer Club für Schnauzer und Pinscher
Odette Eichenberger
Stägacher 40
CH - 3624 Goldiwil
Tel.: 033/421569